LOW ALTITUDE ECONOMY
低空经济

罗军·著

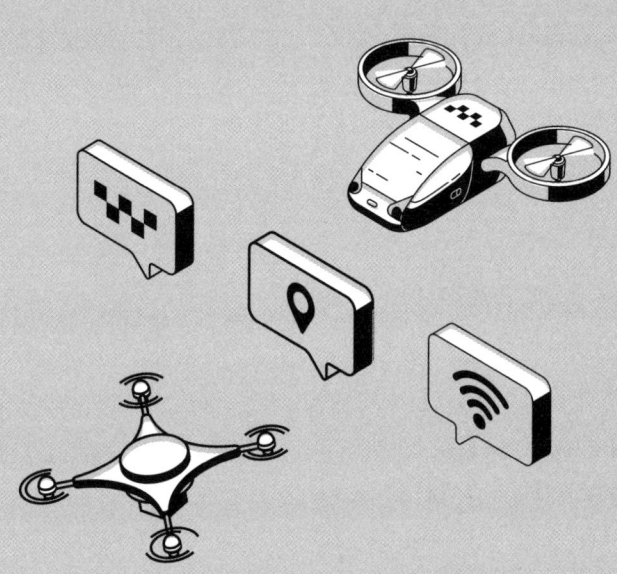

电子工业出版社
Publishing House of Electronics Industry
北京·BEIJING

内 容 简 介

低空经济究竟是什么经济？低空经济与通用航空是什么关系？为什么要发展低空经济？国外为什么没有低空经济？

低空经济作为国家战略，不是要不要发展的问题，而是如何更好发展的问题。

发展低空经济需要把握两个核心要点：一是低空空域开放，二是常态化飞行。由此产生的商业形态构成低空产业。有了产业，会催生产业链；有了产业链，才有生态链；有了生态链，才构成低空经济。

本书将探讨低空经济发展过程中的热点难点问题，以及低空经济时代带给我们哪些改变。本书适合通用航空、低空飞行器、低空指挥平台等配套服务企业，旅游观光、物流快递等应用企业，政府主管部门和产业园区及投资机构等领域人员阅读。

未经许可，不得以任何方式复制或抄袭本书之部分或全部内容。
版权所有，侵权必究。

图书在版编目（CIP）数据

低空经济 / 罗军著. -- 北京 ：电子工业出版社，2024. 11. -- ISBN 978-7-121-48994-5

Ⅰ．F561.9

中国国家版本馆 CIP 数据核字第 2024J1F360 号

责任编辑：徐蔷薇
印　　刷：天津千鹤文化传播有限公司
装　　订：天津千鹤文化传播有限公司
出版发行：电子工业出版社
　　　　　北京市海淀区万寿路 173 信箱　邮编：100036
开　　本：720×1 000　1/16　印张：11.5　字数：166 千字
版　　次：2024 年 11 月第 1 版
印　　次：2025 年 5 月第 6 次印刷
定　　价：68.00 元

凡所购买电子工业出版社图书有缺损问题，请向购买书店调换。若书店售缺，请与本社发行部联系，联系及邮购电话：（010）88254888，88258888。
质量投诉请发邮件至 zlts@phei.com.cn，盗版侵权举报请发邮件至 dbqq@phei.com.cn。
本书咨询和投稿联系方式：xuqw@phei.com.cn。

2024年7月21日，"发展通用航空和低空经济"被明确写入党的二十届三中全会审议通过的《中共中央关于进一步全面深化改革　推进中国式现代化的决定》。

2024年7月30日，中央政治局集体学习会议上，习近平总书记强调，要做好国家空中交通管理工作，促进低空经济健康发展。

低空经济作为国家战略，不是要不要发展的问题，而是如何更好发展的问题。

什么是低空经济？

什么是通用航空？

低空经济与通用航空究竟是一回事，还是两回事？

为什么国外没有低空经济这个概念？

低空经济的内涵和外延是什么？

低空经济的技术路线是什么？

低空飞什么？为什么飞？

低空经济是如何形成的？

eVTOL是低空飞行器的全部，还是部分？还有哪些飞行器？

无人机为什么突然迎来高光时刻？

我们何时才能进入低空经济时代？

低空经济将给我们带来哪些改变？

——希望本书能够使我们对低空经济有更深入的思考。

低空经济需要把握两个核心要点：一是低空空域开放，二是常态化飞行，由此产生的商业形态构成低空产业。有了产业，会催生产业链；有了产业链，才有生态链；有了生态链，才构成低空经济。

前言 | Preface

进入 2024 年，谁也没有想到"低空经济"突然火起来，而且越来越火，不知道究竟哪一天才是高点。每天都有一些城市发布"低空经济指导意见""低空经济三年行动计划"等政策文件；许多地方都在发起成立低空经济联盟，积极拓展应用场景；很多地方都在举办各种形式的低空经济推进大会，普及低空经济知识，探寻低空经济发展路径……

"低空经济"成了共识，抢占了媒体头条，赚足了大众眼球。

低空经济不是要不要发展的问题，而是如何发展的问题；早发展，早主动。抢占先机就是要赶早。

对于大多数人来说，各个地方步调一致，齐心协力抓低空经济，这是很少见的。很多年没有见过这样热烈的场面。改革开放初期，我们要解放思想，打破"大锅饭"。那时候，人们热血沸腾，每个人都忙忙碌碌，为了让生活过得更加美好，精气神十足。20 世纪 90 年代初期，我不到 20 岁，第一次到成都，见到街上有很多标语都是鼓励大家自主择业，摆摊创业。那时候大家都很穷，精神面貌却很好。在 2008 年全球金融危机爆发的时候，有句话很流行：信心比黄金还重要。我们满怀信心挺过来了，还赢得了中国制造业黄金十年。

新冠疫情这三年，改变了很多。国际经济、国内经济都处于深度调整期。原来很多有钱的人变得没钱了，负债了，很多"首富"被打回原形。更惨的是，一大批身家至少上亿级别的老板破产以后，为了生存不得不去开滴滴，跑外卖，完全没有"面子"这么一说，不就是为了生存吗？

现在不仅是地方政府着急，中小企业日子也很不好过，财税收入下降，老百姓有钱不敢花。政府、企业、投资机构都在寻找新的机会。低空经济在这个时候出现，备受期待。

按照过去的经验，无论 3D 打印、云计算、人工智能、数字经济，还是其他新科技、新商业、新模式，都是在美国率先热起来，甚至成熟以后，才会逐步输入到国内的，我们抓紧跟上去就可以了。

而这一次，低空经济却没有美国什么事，国外也没有低空经济这一说法。

2024 年年初，几位领导问我，究竟什么是低空经济？低空经济与通用航空是什么关系？我们究竟应该怎样发展低空经济？现在，全国各地发展低空经济的积极性都很高，却不知道究竟怎么推进，没有一个全国性的行业联盟，也没有一个有影响力的会议，让大家有机会一起探讨学习，你能不能站出来，把国内做低空经济的企业整合起来，大家抱团发展……

这就是我为什么花几个月时间去深入研究，掌握基本情况以后，牵头发起成立中国低空经济联盟，举办全球低空经济论坛的背景。通过这几个月的学习和思考，我对低空经济有了更多的见解。我一直觉得，发起行业联盟、举办行业性会议，对于一个刚刚起步的行业至关重要。而过去十年，我在这方面经验丰富。我曾成功发起成立中国 3D 打印技术产业联盟、国际机器人及智能装备产业联盟，先后成功举办了七届世界 3D 打印技术产业大会、两届世界机器人及智能装备产业大会、七届亚洲制造业论坛年会等重要的国际会议，出版了六部个人专著，发表了大量的研究报告，为 3D 打印、机器人、人工智能等新科技的科学普及、示范推广、国际合作做了大量工作。正因为有这样的经历，今天将其应用到低空经济，才显得得心应手。

发起成立一个联盟很简单，关键是联盟如何生存和发展，竞争力来自何处？许多行业联盟成立一段时间以后基本上就没有什么声音了，名存实亡。联盟一定要有专业团队围绕行业发展做事情才能增加与创始成员之间的黏性，做研究才能引领行业发展，办活动才能把握行业话语权，才能促进行业间，促进行业与用户间的对话，行业才有希望。

做联盟是为行业服务，为创始成员服务，"有为，就有位"这句话再准确不过。

进入 2024 年，广东省、江苏省这两个经济大省都举办了全省高质量发展大会，不约而同地提出了"创建全球产业科技创新中心"这一宏伟目标。

重视科技创新，引起了我的兴趣。为了使全球科技创新论坛落户粤港澳大湾区，我也曾经多次与广州、深圳的主要领导交流沟通。同时，我也一直在关注广东与江苏两省，两个经济大省分别代表珠三角、长三角两大经济力量，究竟采取了哪些策略推动科技创新，以及如何创建全球产业科技创新中心。按照我的理解，我国的经济总量 2022 年已经高达 120 万亿元，再继续提升，愈加困难，因此必须补上"基础科学"这一课，才能进一步推动工业化进程，才能实现经济高质量发展。目前，我国科技力量仍显薄弱，在参与全球科技分工、融入全球科技创新体系方面，我们还需要搭建更多国际化平台，增强国际对话与合作。

我国至今还没有完成工业化，这是客观现实。毕竟我国的工业化是从改革开放之后才真正开始的，是从珠三角地区"三来一补"和长三角地区的乡镇企业起步的。要想在短短四十多年就走完西方上百年才完成的工业化进程，显然并不现实。因此，这些年我一直在关注和推动我国 3D 打印、机器人、人工智能等新科技在传统产业中的应用，并研究这些产业的热点和难点，搭建国际对话合作平台。由我倡议，联合欧美 100 多位诺奖获得者、图灵奖获得者、两院院士创办了全球科技创新论坛，希望能够为我国的产业科技创新和工业化进程发挥智库作用。

这几个月，我阅读了很多资料，走访了很多企业和地方政府、产业园区，拜会了主管部门的很多领导，看到了大家对低空经济的高度热情、期待和各种应用尝试的努力，也看到了存在的各种困难、问题和分歧。很多地方的发展愿望很迫切，希望能只争朝夕，在不自觉地自我加压。但是，任何新科技、新商业、新经济都有其自身的规律和模式，"罗马不是一天就可以建成的"。冷静下来思考，结合各地实际，制定切实可行的低空经济发展战略和路径，对接下来的工作推进至关重要。

低空经济作为我国特色的经济形态和商业模式，既有现实的需求，也有未来的期许，不是该不该搞，而是必须补上这一课。早搞早主动。至于为什么我国突然间会推动低空经济发展，而且是一个中长期战略，我会在本书中详细分析。有些观点认为，低空经济是对过去通用航空失败的补偿方案；也有观点认为，地面已经很繁忙，低空经济作为立体交通的重要组成部分必须搞；还有国外专业人士认为，我国这些年在电动汽车领域成功实现弯道超车，随着电池和储存技术、人工智能技术、无人驾驶技术、人机交互技术的突破，飞行汽车和纯电动飞行器将变为可能。这几种观点都有道理，而且都有足够的证据作为支撑，当然，除此之外我还会有其他的思考。

低空经济有一个摸索、实践、发展和成熟的过程，我们要勇于尝试。

今天，我们有必要参与到我国低空经济的发展热潮中，现就我的思考，以及当前低空经济推进过程中存在的问题，谈谈个人的看法，与大家商榷，希望大家都从不同的角度参与进来，为我国低空经济的发展尽一份力量。

2024 年 8 月于北京

目录 | Contents

第一章 CHAPTER 1 | 低空经济是什么经济 /001

政策背景 /002

低空经济将推动民航局职能转变 /003

低空经济的意义 /005

美国为什么没有低空经济 /006

为什么要推动低空经济发展 /008

低空经济对我国的影响 /010

低空经济概念、外延及内涵 /012

低空经济与通用航空 /012

第二章 CHAPTER 2 | 低空经济的难点热点 /015

低空经济为何难 /017

对低空经济有哪些认识误区 /020

把握低空经济"四核心" /022

突破应用场景是关键 /023

航空飞行器升级换代步伐加快 /026

第三章 哪些城市最有望成为低空经济第一城 / 027

CHAPTER 3

深圳、广州率先起跑 / 028

成都、苏州、南京、杭州紧随其后 / 030

西安、哈尔滨实力很强,却很低调 / 034

航空领域需要新势力超越 / 040

深圳要创建低空经济第一城,其他城市

怎么办 / 043

第四章 低空经济与低空飞行器 / 047

CHAPTER 4

无人机迎来高光时刻 / 049

空域管理分类 / 054

eVTOL 闪亮登场 / 055

飞行汽车 / 066

直升机 / 069

通用飞机 / 072

第五章 有哪些核心零部件及配套产业 / 078

CHAPTER 5

电池与储能 / 079

设施网、空联网、航路网、服务网"四网"

合一 / 082

航空发动机正在加快升级 / 087

第六章 顶层设计 / 089

CHAPTER 6

政府、企业在低空经济中的定位 / 090

低空经济的顶层设计 / 091

发展低空经济要保持宽容 / 094

第 七 章 | 低空经济何处去 / 097
CHAPTER 7 | EAA 观察，低空经济大有希望 / 101

第 八 章 | 率先进入低空经济时代 / 105
CHAPTER 8 | 输出低空经济模式 / 110
低空经济如何改写未来出行 / 111

第 九 章 | 低空经济如何走好下一步 / 114
CHAPTER 9

第 十 章 | 如何推动低空经济发展 / 120
CHAPTER 10 | 为什么要组建联盟 / 121
为什么要举办全球低空经济论坛 / 125

附录 A　广东省推动低空经济高质量发展行动方案
　　　　（2024—2026 年） / 127

附录 B　广州市推动低空经济高质量发展若干措施 / 139

附录 C　深圳市支持低空经济高质量发展的若干措施 / 146

后记（一） / 155

后记（二） / 163

CHAPTER 1
第一章

低空经济是什么经济

政策背景

到目前为止,还没有一份完整的国家层面关于低空经济的系统性文件、规划、指导意见。但是,从中央 2023 年以来的会议、《政府工作报告》中,可以看到有关内容,而且分量越来越重。

2023 年 12 月,中央经济工作会议提出,打造低空经济、商业航天等若干战略性新兴产业。

2024 年 1 月 1 日,《无人驾驶航空器飞行管理暂行条例》正式施行,为无人机"飞得起来、飞得顺畅、飞得便捷、飞得安全"提供了有力支撑和保障。

2024 年 2 月,中央财经委员会第四次会议强调,鼓励发展与低空经济、无人驾驶等结合的物流新模式。

2024 年 3 月 5 日,《政府工作报告》提出,积极打造生物制造、商业航天、低空经济等新增长引擎。

2024 年 3 月 27 日,工业和信息化部等四部门联合印发《通用航空装备创新应用实施方案(2024—2030 年)》,提出打造中国特色通用航空产业发展新模式,为培育低空经济新增长极提供有力支撑。

2024 年 3 月 29 日,中国民用航空局在国务院新闻办公室推动低空经济发展专题新闻发布会上提出,将重点开展"配合有关部门做好空域分类和低空空域管理改革试点经验的推广"等多项工作。

2024 年 7 月 21 日，"发展通用航空和低空经济"被明确写入党的二十届三中全会审议通过的《中共中央关于进一步全面深化改革 推进中国式现代化的决定》。

2024 年 7 月 30 日，中央政治局集体学习会议上，习近平总书记强调，要做好国家空中交通管理工作，促进低空经济健康发展。

低空经济将推动民航局职能转变

低空经济发展需要交通运输部、民航局、工业和信息化部、发改委、中央空管办、公安部、科技部、财政部等多个部门的协同。目前，还没有一个明确的综合性协调机构，据说很快将由国家发改委牵头，内部成立低空经济协调推进司，负责对各部门工作的协调推进和统筹。

每个部门都有各自的职责范围。交通运输部作为立体交通、智慧交通的总体规划部门，相对比较宏观；民航局作为交通运输部管理的副部级机构，担负民用航空器的型号认证（TC）、生产许可认证（PC）、产品出厂合格（适航）认证（AC），空域管理、航线规划、飞行器驾驶人才的管理、航空安全管理等；公安部负责无人机的实名登记和执法；中央空管办是部队空域和民用空域的总协调部门；工业和信息化部负责航空飞行器装备产业和无线电管理等；科技部负责航空飞行器重大核心技术装备的自主研发和推动科技创新；财政部负责专项资金。

总体来看，民航局担负的工作涵盖了低空经济的主体，占据 70% 左右。因此，在新的历史时期，低空经济将推动民航局的职能进一步转变，由过去单纯的民航管理工作逐步转变为民航管理工作与民航经济（低空经济）相结合。毕竟低空管理与低空经济是两个完全不同的概念。低空经

济，是低空空域延伸之后产生的商业生态和经济形态，一环扣一环。没有低空空域场景延伸，就没有低空产业链，没有低空产业链就没有低空生态链；没有完整的低空生态链，就谈不上低空经济。

2024年7月，中国民用航空局成立了促进低空经济发展工作领导小组及工作组。领导小组由民航局局长宋志勇担任组长，副局长胡振江、韩钧、马兵担任副组长，成员包括民航局各司局、直属单位的负责同志。促进低空经济发展工作组办公室设在民航局空管办。按照低空经济涉及的领域，在工作组下成立项目组，包括综合安全监管、法规、市场管理、飞行标准、适航审定、机场、空管空域、安保和规划等职能。

领导小组的主要职责包括：落实党中央、国务院关于促进低空经济发展的决策部署，统筹民航局促进低空经济发展各项工作；研究确定局内推进低空经济发展的工作方案、工作安排，督导各部门（单位）落实工作，听取关于重点工作推进情况的汇报；研究民航促进低空经济发展工作中涉及的重要决策、重大事项和重点问题，按程序提请党组会、局务会审议；与中央、国务院有关部门和地方政府建立协调关系，完善工作机制，协调解决低空经济发展中跨部门、跨央地问题。

2024年7月10日，中国民用航空局局长宋志勇在出席国务院新闻办公室举行的"推动高质量发展"系列主题新闻发布会上表示，民航局作为行业管理部门，将立足自身职责，统筹推进传统通用航空转型升级与新兴无人机产业创新发展，在继续强化顶层设计和规划引领的基础上，重点开展五方面工作：一是加强适航审定体系和能力建设。稳步推进传统有人驾驶航空器适航审定工作，健全完善无人机相关技术规范标准，探索创新无人机适航审定模式，以更好适应无人机研发设计制造的适航审查需求。二是完善基础设施建设标准。针对低空经济发展对通用机场规划、布局、功能等方面的新需求，推动完善通用机场、临时起降点、垂直起降场地建设和运行标准，引导支持地方政府完善基础设施规划建设。三是推进低空服务保障体系建设。加快推动空域分类管理落地实施，充分利用低空空域资源，与地方政府共同推进空天地一体的低空通信导航监视能力建设，完善国家、区域和飞行服务站三级飞行服务体系，逐步实现低空飞行"一站式"服务。四是强化安全运行监管。进一步明晰和落实各方监管责任，建立健全运输航空、传统通用航空、无人机等融合运行场景下各类飞行活动的安全运行规则、标准及相关监管政策。五是规范市场管理。聚焦不同场景业态的市场准入、事中事后监管和消费者权益保护等方面，激发市场活力，规范市场秩序，壮大市场规模，构建良好的低空经济市场生态。

低空经济的意义

低空经济是少数能够同时涵盖第一、二、三产业的新兴经济业态，有利于激活立体空间资源，提供高效公共服务、改变出行方式和管理模式，并能将更多新科技融合发展，催生跨界融合新生态，对构建我国立体交通、加快形成新质生产力、促进传统产业转型升级具有重要意义。

低空经济对我们生活方式和生产方式的改变将是长期的、深远的。它不仅缩短了人与人之间、人与物之间、物与物之间的距离，还将衍生出新的万亿元产业集群。中国民用航空局发布的数据显示，到 2025 年，我国低空经济的市场规模预计将达到 1.5 万亿元，到 2035 年有望达到 3.5 万亿元。

从特朗普第一个总统任期开始，中美贸易面临严峻挑战，出口逐年减少。低空经济无疑将是扩大内需、转变经济增长方式、拉动经济增长的重要引擎。2023 年，我国外贸进出口总额逼近 6 万亿美元大关，其中美国是

我国第三大贸易国。同年，中美贸易额达到 6644 亿美元，同比下降 11.6%。我国对美国的出口额为 5002 亿美元，从美国的进口额为 1642 亿美元，进出口均呈逐年持续下降趋势。

"低空经济"作为我国特有的经济模式，开辟了一个几乎全新的赛道，不仅能够拉动内需，弥补通用航空短板，有效避开我们和欧美的直接贸易竞争冲突，还有机会引领和带动东盟国家、"一带一路"沿线等发展中国家的低空经济发展，输出我们的"低空经济"模式。

美国为什么没有低空经济

很多时候，我们一直在想，美国发展什么，我们就跟着发展什么。这话的确没错，美国总是走在时代前列和科技前沿，很多方面都比我们超前，毕竟美国等西方国家很早就完成了工业化，我们跟在后面好好学，虚心学，没有什么不对。学会了我们自己搞，可以减少很多试错成本。

但是，我们发现欧美等发达国家根本就没有低空经济这个说法，是他们不愿意搞低空经济，还是没有来得及搞低空经济？在研究中我们发现，欧美根本就不需要搞低空经济。要回答这个问题，我们不妨在这里先讨论一下，为什么我们过去十年花了很多钱，建成了 449 座通用航空机场，却没有一家成功运行的，也没有一家通用航空机场盈利？如果只是一部分，哪怕是大部分不盈利，我们也可以建个数学模型出来分析分析。全部都不盈利，这个就很好说明问题。

其实现在大家都比较认同的是，我们的空域没有放开，管理还没有跟上，核心是我们的空域不是民航局管，而是部队在管。如果空域早些放开，我们的通用航空也能发展起来。

这一点出过国、坐过私人飞机的朋友都感受深刻。其实在欧美国家，私人飞机的起飞，航线的申请非常简单方便，一般提前半小时申请就可以起飞。我们虽然说是提前一天申请就可以。但是实际上呢？情况并不乐观。我们现在才一两千架私人飞机和商务机都这么难了，多了不就更难？

空域没有放开的确是我国通用航空业"失败"的核心因素之一，但不是全部，或者说只是外因。那么，深层次的原因是什么呢？我觉得主要有两个原因：空域飞什么？谁是低空空域飞行的主体？参考国外经验，3000米左右空域飞行的航空飞行器主要是私人飞机、商务机、货运机。显然，我们的通用航空机场关键是缺少可以飞行的飞行器。因为整体的现状是我国人均GDP才1.3万美元，这只是一个刚刚进入中等发达国家的水平。要想诞生几万架，乃至几十万架私人飞机、商务机，那是不现实的。私人飞机的主体是民营企业老板。三年新冠疫情等因素叠加，大多数民营企业老板的日子并不好过。我们要直接过渡到通用航空时代的确还不是时候，步子稍微大了一点。一旦我们的人均GDP超过3万、4万美元的时候，相信购买私人飞机就好比今天购买100多万元人民币的汽车一样普遍。

发达国家通用航空产业非常发达，私人飞机基本普及，3000米左右空域全面放开。核心是欧美发达国家人均GDP都在5万美元以上，都是直接进入通用航空时代。我们在研究很多问题时，都应该首先考虑人均GDP这个参数，这是评价消费升级的最佳标准，非常重要。

为什么10年前，3D打印定制牙套开始快速发展？因为大家解决吃饭问题以后，开始注重生活质量的提升，3D打印透明牙套由于美观舒适，很快就替代了传统的钢丝牙套。正在快速流行的3D打印定制鞋垫，能够矫正扁平足、高弓足，而且非常方便舒适；同时，定制鞋垫作为运动保护装备，可以避免运动损伤，快速分解足部压力，引起了很多人的重视。现在

很多三甲医院足踝科开始引进 3D 打印定制鞋垫产品。这些小产品看起来很不起眼，却能快速推广，在我国 15 亿人口基数这么庞大的基础上，都是万亿赛道。今天的低空经济如此受到欢迎，核心就是通用航空距离我们太远，低空经济离我们很近，可以看得见，摸得着，刚性需求至关重要。

美国的通用航空业已经非常成熟，遍布全国的通用机场网络，成熟的空中监管体系，以及占全球一半以上的私人飞机，构成了美国"低空经济"的主要特点。而我国低空经济起步晚，监管体系和行业标准还不完善，但市场空间巨大。现阶段主要以轻便、低速无人机和小型垂直起降的飞行器为主，已成为我们重要的空中交通工具。

为什么要推动低空经济发展

我做过 10 年记者，之后一直从事制造业、3D 打印、机器人、人工智能等新科技的产业研究、推广和应用，对新经济、新商业特别敏感。我关注低空经济是从 2024 年年初开始的，2024 年广州、深圳、南京、苏州、无锡、成都、合肥、长沙、珠海等城市特别活跃，特别是深圳、广州都在铆足劲拼第一，成都、苏州、南京、无锡、珠海等城市也不服气。这些城市都在积极布局低空经济，不断有新闻出来。紧接着，其他很多城市也都开始活跃起来了。首先，我研究了各个地方出台的"关于低空经济发展的指导意见"或"低空经济三年行动方案"，发现目标都很宏大，信心都很足，要求都很高，要在三年左右引进和培育上百家乃至上千家有影响力的飞行器装备制造业企业，产值少则几百亿元，多则三五千亿元。粗略算了一下，按照全国一半省市公布的低空经济发展目标，总量加起来差不多就高达 5 万亿元以上，要是把每个省市的目标都加进去，估计要破 10 万亿元。由于低空经济并未成形，国外也没有参考模式，所以对预测数据，别太较真，只是一个参考，有可能会高于预期，也有可能低于预期。看到这么乐观的数据，这么庞大的产业需求，我们有必要思考：究竟低空经济是一种什么经济？为什么有这么大的爆发力？

参考各种解释，以及我自己的理解，低空经济就是在 3000 米以下，主要是指 1000 米以下空域形成的常态化的低空飞行商业业态，也可以理解为低空经济的集群。既然是"低空经济"，那就是建立在"低空产业"之上，包括但又不限于低空产业。低空经济首先是商业行为、市场行为，有商业就有产业支撑。

由此我们发现，"低空经济"需要具备低空空域、飞行器、商业行为（市场需求）、基础设施四大要素。为什么这样说呢？因为空域划分，不仅有低空，还有万米高空，那是民航的空域；3000 米左右的空域一般被认为是中小型飞机（通用航空）的空域，供中长距离的私人飞机、商务机、物流货运机使用。1000 米以下这个空域是空置的，留给小型飞机、无人机、直升机等低空航空飞行器短距离使用，点到点、端到端。低空经济必须有交通工具，在千米以下空域，要有飞行器常态化飞起来，才能产生经济业态，才能有商业价值。传统的直升机、无人机、小型飞机的商业场景并不多，商业价值体现得不够充分，规模也的确太小。在"低空经济"大背景下，低空飞行器开始受到关注，需求正在被挖掘，那就是应用场景的不断突破，因此，eVTOL 这样的新型飞行器开始闪亮登场。以后，还会有更多功能性的低空飞行器出现。那么，有了更多的低空飞行器和市场需求以后，自然就形成了低空空域的商业价值和产业链。

如果"低空空域"这个全新的赛道被全盘激活，低空经济会成为我国经济的新引擎，其爆发力不可估量。

至于为什么突然会出现"低空经济",前面已经分析过,一是低空作为我国立体交通的重要一环,需要拓展和开发;二是通用航空不能一步到位,可以先从低空空域开始;三是我国电动汽车弯道超车,电池和储存技术的不断突破,为 eVTOL 等新的低空飞行器创造了可能;四是与我国人均 GDP 1.3 万美元所形成的人均购买力水平相适应;五是可以成为拉动内需,推动经济增长的新赛道等。

有时候,我们的低空经济有点像一级半市场,主板上不去,搞个折中方案。其实,这个观点也对,也不对。之所以这么讲,通用航空的确还需要十年、二十年的积累。只有更多民营企业老板拥有私人飞机,并让这些私人飞机飞起来,更多商业场景被激活,通用航空市场才不再寂寞。另外,我们先从 300 米、500 米空域的开放中积累经验,完善基础设施,培养团队,把能做的先做起来。几千万元乃至几亿元的飞行器还不能普及,几万元、几十万元和几百万元的大中型无人机还是可以普及的。一两百万元一架的 eVTOL,作为空中交通工具,完全可以进入家庭。

低空经济对我国的影响

"低空经济"将带来哪些影响,我们从以下几个角度来分析。

一是作为立体交通的重要组成部分,通过低空飞行器,拉近人与人、人与物、物与物之间的距离,将大幅提高生产效率和生活品质。例如,顺丰、京东、美团、中国邮政、中国物流等物流、快递企业将过去每单快递时间至少缩短 50%,业务量至少增加 40%,效益将至少提高 30%。我们从自行车王国过渡到汽车王国,花了至少半个世纪的时间。今天,拥有一辆汽车已经不是什么梦想。十年前,在北京也不是遍地都有奔驰、宝马,但是现在 100 多万元的豪车在二、三线城市都已经见惯不怪。有了遍布全国的高速公路网络，汽车就得以快速普及。当然，通用航空网络即将建成，未来通用航空也将成为现实。现阶段，由于人均 GDP 还没有实现重大突破，几千万元乃至几亿元的私人飞机还难以普及，但拥有一两百万元的私人航空飞行器对很多人来说不是什么难事。只要低空飞行网络建成，基础设施和配套服务设施跟上去，低空一定会"忙"起来。

二是低空经济推动我国科技创新和经济结构调整。低空经济是我国的独有的经济业态，没有国外成熟的模式可以借鉴，也没有太多低空飞行器可以购买。我国在无人机、eVTOL、小型飞机等主要的低空飞行器装备方面拥有一定的基础。为了适应低空经济的快速崛起，我们的无人机与人工智能、无人驾驶、纯电动等新技术、新能源结合，将会诞生一大批拥有完全自主知识产权的低空飞行装备企业，以及相配套的低空信号传输、空中监管、安全管理等产业，并快速形成以低空飞行为核心的生态链和产业链，这对于加快我国经济结构调整，促进传统产业转型升级意义重大。按照民航局的预测分析，到 2035 年，我国低空经济有望达到 3.5 万亿元。今天来看，有可能这一数据比较保守，理想的数据可能会超过 10 万亿元。

三是作为少数能够同时撬动第一、二、三产业的新兴经济业态，其传导作用不可估量。看起来场景在低空，但实际上最终的应用场景却覆盖若干领域，如在农作物管理、农产品运输、电力线路巡检、物流快递、救急抢险、旅游观光、空中巴士、城市管理等方方面面。一方面可以将大量的劳动力从生产现场解放出来，投入更高效的工作环境中；另一方面新的应用场景将会创造若干新的产业和新的工作岗位。现在很难从传统产业的布局中找到这样好的机会，很多新兴产业和新商业模式，在更多方面有更好的表现。

或许，以上三点就是"低空经济"能够在短时间内就引起全国各级政府和众多企业积极参与布局的原因所在。完全不一样的赛道在充满不确定性的同时，拥有的是更多机会和未来。

低空经济概念、外延及内涵

低空经济是一种以低空空域为依托，以各种常态化低空飞行活动为牵引，辐射带动相关领域而产生的综合性经济业态，涉及低空飞行器装备、各种应用场景、飞行站（服务站）、通信信号系统、空中安全管理系统、低空交通指挥系统等若干领域。

低空经济是通过低空飞行，形成以低空飞行服务为核心的行业生态链和产业链，是典型的低空产业集群概念。这个集群一旦形成，只会变得越来越大，越来越强。只要市场需求客观存在，低空产业集群就会存在。当然，随着产业升级与转型，产业集群也会随之转型和升级。

低空经济与通用航空

我们现在很容易混淆低空经济与通用航空的关系。有些人认为，低空经济就是通用航空，通用航空就是低空经济，只是表达方式不同而已。究竟通用航空和低空经济是不是一回事？从民航局及工业和信息化部2024年文件中的表述，我们发现，低空经济是通用航空的一部分，但近期有关文件又将低空经济和通用航空并列。

从民航局网站获悉，2024年3月18日，民航局召开通用航空工作领导小组会议，专题研究贯彻落实党中央、国务院关于打造低空经济战略性新兴产业的重大决策部署要求，推进低空经济高质量发展相关工作。

2024年3月27日，工业和信息化部、科学技术部、财政部、中国民用航空局关于印发《通用航空装备创新应用实施方案（2024—2030年）》的通知提出，到2027年，我国通用航空装备供给能力、产业创新能力显著提升，现代化通用航空基础支撑体系基本建立，高效融合产业生态初步形成，通用航空公共服务装备体系基本完善，以无人化、电动化、智能化为技术特征的新型通用航空装备在城市空运、物流配送、应急救援等领域实现商业应用。绿色化、智能化、新构型通用航空器研制创新居世界先进水平，形成一批通用航空领域产学研用联合实验室、科技创新中心及科技创新服务平台。通用航空法规标准体系和安全验证体系基本建立。示范应用成效明显。航空应急救援、物流配送实现规模化应用，城市空中交通实现商业运行，形成20个以上可复制、可推广的典型应用示范，打造一批低空经济应用示范基地，形成一批品牌产品。产业链现代化水平大幅提升。打造10家以上具有生态主导力的通用航空产业链龙头企业，培育一批专精特新"小巨人"和制造业单项冠军企业，通用航空动力实现系列化发展，机载、任务系统及配套设备模块化、标准化产业配套能力显著增强。到2030年，以高端化、智能化、绿色化为特征的通用航空产业发展新模式基本建立，支撑和保障"短途运输+电动垂直起降"客运网络、"干-支-末"无人机配送网络、满足工农作业需求的低空生产作业网络安全高效运行，通用航空装备全面融入人民生产生活各领域，成为低空经济增长的强大推动力，形成万亿级市场规模。

2024年7月10日，在国务院新闻办公室举行的"推动高质量发展"系列主题新闻发布会上，中国民用航空局局长宋志勇表示，目前持有现行有效的民用无人驾驶航空器运营合格证的无人机企业总数超过1.4万家，持有无人机操控员执照的人数超过22.5万人。2024年上半年，新注册的无

人机将近 60.8 万架，较 2023 年年底增长 48%。无人机累计飞行小时数达 981.6 万小时，较 2023 年同期增加 13.4 万小时。从这些数据可以看出，我国低空经济正在步入快速成长的新阶段。

2024 年 7 月 21 日，《中共中央关于进一步全面深化改革 推进中国式现代化的决定》中提到，深化综合交通运输体系改革，发展通用航空和低空经济。

不难看出，政府主管部门对低空经济与通用航空的定位也在悄然变化。前期是把低空经济作为通用航空的一部分，后面逐渐将低空经济与通用航空并列，也有一些是把通用航空作为低空经济的一部分来体现，这说明通用航空与低空经济还是有很大区别的，不能视为一个概念。低空经济作为通用航空的重要补充，或者通用航空作为低空经济的补充，但是在不同阶段，低空经济的内涵和外延也会发生显著变化。将低空经济与通用航空并列，说明两者之间有区别和联系，不完全是一个概念，也不完全是两个完全不同的概念。低空经济不能代替通用航空，通用航空也不能代替低空经济。

从各省市出台的"低空经济指导意见"或"低空经济三年行动方案"中，我们发现基本上只提"低空经济"，不提"通用航空"，也没有将"低空经济"与"通用航空"并列。或许是过去的"通用航空"让大家伤透了脑筋，这次不能新瓶装旧酒，要彻底与过去的"通用航空"切开，重新开始。这个时候，各个地方采取的策略是正确的，全力以赴抓好低空经济，尽快走出一条可快速复制的模式再说，如果总是在概念上纠缠，将严重影响我们的节奏。随着低空经济的深入推进，低空经济与通用航空的关系界定有可能会更加清晰。

CHAPTER 2
第二章

低空经济的难点热点

低空经济之所以这么热,某种程度上与大家受到三年新冠疫情的影响有关。传统的商业模式遇到瓶颈,大家都在寻求新的机会,寻找新的出口和通道。因此,大家对低空经济寄予无限希望,都希望参与到低空经济发展的大潮中。

但是大半年下来,我们并没有看到空中飞什么,低空经济给我们带来哪些改变,也没有看到哪些城市摸索出一条成功的路子。

低空经济究竟该怎么发展?商业模式是什么?技术路线是什么?为什么飞行器飞不起来?很多地方的低空经济推广活动,要么是无人机在空中跑几圈,要么是直升机飞几圈,与大家的期望相差甚远。

低空经济如何才能避免"雷声大,雨点小""新瓶装旧酒"……

我们的低空开放从当前120米、300米、500米以下空域,逐步过渡到1000米、3000米以下空域,主要是为了积累经验,摸索着前进,不断总结和完善;低空飞行器主要包括无人机、直升机、eVTOL、小型飞机等低空飞行物。而无人机技术已经非常成熟,并得到全面普及;直升机虽然已经成熟,但是推广使用领域并不广泛。由于我国空域长期以来都由军方严格管理,限制使用,虽然历经几次空域改革,包括十多年前推行的通用航空产业发展,但实际上效果并不明显。空域并没真正放开,无人机在很多地方飞行受到诸多限制,使得今天尽管低空经济这么"热",我们的空中却没有"热"起来,核心问题还是空域和航路开放没有及时跟上,相应的空中监控、空域安全、地面服务站、飞行站等配套设施不完善。另外,获得适航证等相应准入的飞行器太少,门槛高,审批时限长。

低空经济是一个全新的经济业态,首先需要有适合本地发展的顶层设计和产业规划，循序渐进，路径清晰，可操作性强；其次要从应用端入手，率先找到应用的突破口，看起来到处都是市场，都是用户，实际上需要一个个推进才行。例如，大家都觉得物流快递、线路巡检、城市管理、旅游观光、应急抢险等场景成熟，那就先选择一两个场景开始常态化运行起来。但是，别忘了还有很多基础性的工作需要提前做好。一是航空飞行器飞行需要拿到中国民用航空局的 TC、PC、AC、OC，拿到这几个证大概需要五六年时间。有了这几个证，航空飞行器才可以参与营运。OC 主要是无人驾驶飞行器商业化运行需要拿到认证；如果是有人驾驶的飞行器，只需要拿到 TC、PC、AC 就可以。目前，已经拿到这三证的企业还很少，那么中小型的载货无人机完全可以先飞起来，拿到三证的可以先飞起来，直升机可以开展端对端、点对点载人业务；小型飞机（四人座、六人座）也应该运营起来，开展干线、支线运营。二是基础设施和配套设施需要完善。低空飞行需要完善的基础设施配套，需要指挥系统、应急系统，需要飞行站和服务站，需要线路规划，等等。只有把这些基础设施完善了，才能确保大量的飞行器飞起来。三是制定低空交通规则、标准、区域网络建设规划等。

任何一项新经济、新商业要形成一定规模效应，都需要时间的沉淀。低空经济要走进我们的生活，并成为我们生活的一部分，需要至少三五年时间。不过在两年左右，我们就会有切身的明显感受。

低空经济为何难

如果买家和卖家不在一个频道，说不到一起，就没法合作。招商引资的原理也一样。招商的想引进企业到当地投资建厂，扩大产能，或者把总部搬过去，都会配套很多非常诱人的条件。要不然怎么能够吸引企业呢？

但是，如果企业不为所动，就说明其要么对这些条件不感兴趣，或者招商方开出的价码远远不够；要么企业根本没有这个想法，其重心不是扩张产能，也不是要搬迁总部。

当前，低空经济才刚刚起步，几家 eVTOL 龙头企业无疑是这个领域的佼佼者。它们更关心的是市场，但真正的问题是应用场景在哪里，如何快速完成几大认证（TC、PC、AC），如何扩大市场占有率？

各个产业园区，首要的任务就是招商，要是当地没有几家低空经济领域的龙头企业，根本谈不上发展低空经济。看不见，摸不着，才是他们想方设法招引低空飞行器装备制造企业的根源所在。有生产基地，有展示场所，上级领导来了才有的看。而且有了生产基地，企业就跑不了，就会把周边上下游产业吸引过来。

我们的经济发展是从制造业开始的。因为制造业链条长，覆盖面广，辐射能力强，附加值高，我们从中尝到过甜头。所以，各个地方抓制造业乐此不疲，很快能够见到成效。抓任何新兴产业，首要任务就是抓制造端。在座谈中，一些地方领导和产业园区负责人直言不讳地告诉我，制造业是实体经济的重要组成部分，不管哪个产业，都离不开制造业，制造业是龙头。低空经济要是不抓制造业，就无法实质性体现低空经济的客观存在。

现在出现一个问题：2024 年以来，四川沃飞长空、广州亿航智能、上海时的科技、上海沃兰特、上海峰飞五家 eVTOL 龙头企业，每天都要接待好几拨来自全国各地的政府考察团，有书记、市长，也有产业园区负责人，他们一方面是去近距离参观了解 eVTOL 这样的新型航空飞行器长什么样，有什么特点，需要哪些核心零部件；另一方面则是完成此行的核心任务，希望这些企业去他们的城市投资建设基地。有些城市真是拿出了足足的诚意，至少十亿元、二十亿元的股权投资、厂房代建等。

但是，这些企业基本上都是岿然不动心，购买他们的飞行器可以，合作可以，但是要把他们的生产基地搬走不行，把总部搬走也不行。对他们来讲，当前的核心问题不是钱。他们能够赶上低空经济这一轮风口，都是因为过去多年的艰辛努力，并得到了当地政府支持和资本的疯狂热捧。现在，这几家企业真是不差钱，后面资本想进来都得排长队。他们着急的是能够尽快把飞行器商业化，打造更多成熟的应用场景。只有市场起来了，低空经济才有希望，大家的日子才会真正好起来。

有些话，没法给招商引资的领导们讲得这么明白，旁观者是清晰的。但是一说到和地方政府携手打造应用场景，往往又提不起招商人员的兴趣，因为应用场景拓宽了，你又不来投资建厂，他们还是没有把低空经济发展起来。在他们眼里，他们那里必须有搬不走的东西，才是低空经济的重要标志。

经常有地方的领导找我，帮他们引荐行业龙头企业，但是效果并不好。主要有几个原因，一是行业处于起步期，需要培育和扶持；二是起步期的任何新兴行业，一开始都没有真正的龙头企业；三是我们对刚起步的行业寄予的希望太大，与实际有较大落差。一个新兴行业一般至少需要十年时间的培育才能成熟。2013 年，我在推动 3D 打印的时候，全国几十家 3D 打印企业的收入还不足一亿元，现在差不多十年时间才五六百亿元的水平，2030 年能够进入千亿元规模不是问题。其实，新兴行业好比一个孩子的成长，急不得，需要一个从无到有、从小到大的培育过程。一旦看准了，要有耐心，与产业一同成长。2023 年出现了"耐心资本"这个说法，虽然主要是说给投资商和金融部门的，但我们的地方政府和产业园区也应该有这个认识。

对低空经济有哪些认识误区

通过观察，总结起来主要有以下几个方面：

一是低空经济就是大力发展无人机，运送快递和外卖。虽然大家发现eVTOL也是无人机，而且无人机在低空空域的市场份额巨大，但是无人机并不是低空空域的全部。起步期，先让载货的无人机飞起来，积累经验，探索规律是非常正确的选择。未来还会有很多载人和载物的飞行器面世。就好比我们的汽车，燃油车有跑车、商务车、小型车、大货车，现在又进入纯电动领域，还有部分开始转向飞行汽车、eVTOL。传统的小型飞机仍然是低空领域的主力军。未来载人的和有人驾驶的比例将会越来越大。

二是发展低空经济首要任务就是引进低空飞行器装备产业，建设低空装备产业园。应用市场没有起来之前，装备产业是无法做大的。应用市场没有起来之前，无疑将会有大量的产业园闲置，造成不必要的重复建设。因为，起步期的飞行装备很快就会面临产品迭代；低空经济产业园并不是发展低空经济的必然选项，而且低空产业园也未必一定要从装备制造开始；不是每个地方发展低空经济都要创建低空产业园。

三是空域开放就是飞行器可以随便飞，想飞哪里就去哪里。空域开放也是建立在一定交通规则基础之上的，这样才能确保空中交通安全，而且包括大中型无人机在内，都需要实名登记确权和空中识别。就好比你可以购买汽车，但你必须去车管所实名登记，并保持车辆年审，一旦违章会有相应处罚。

四是低空经济指导意见就是产业规划,这个观点也是不对的。各种指导意见和行动计划往往都比较宏观,只是指导意见,往往面面俱到,可操作性和落地性比较弱。产业规划应该与可执行、可落地、有路径分析相结合,能够清楚地看到未来三年、五年的目标是什么,路径是什么,能够引进和培育哪些产业,如何才能实现这些目标。因此,我认为做这些规划的一定要懂这个行业,研究这个产业,不仅要懂宏观层面,还要熟悉企业,了解企业,掌握需求,把握趋势。有些行业变化非常快,也许一夜之间就被其他更先进的技术所取代。曾经的 LED 和等离子赌输过不少企业,现在等离子全面普及推广,但也是几乎一年一次升级。各地不要把目标定得太高,一定要切合本地实际,量力而行。毕竟低空经济在很多地方还是零基础,我们先完成原始积累再扩张也不迟。同时,要有平台资源,对行业龙头企业要有一定的影响力和话语权。要不然规划再好,无法实现又有什么用呢?我们现实生活中,大量的规划做完就完了,仿佛只是一道餐前小菜。

当前发展低空经济最重要的不是急于引进多少家低空飞行器厂家。全世界数得着的就那么十来家比较成熟的 eVTOL 企业和几十家小型飞机、直升机企业,大都还没有实现大规模的量产。虽然我国是无人机大国,无人机占据全球 70%以上的市场份额,但是大多数无人机企业日子都很难,能够盈利的只是其中少部分,而且大多数都是消费级无人机。从某种程度上讲,一般的消费级无人机已经处于严重饱和状态,技术含量不高,买一些零部件就可以自行组装而成。现阶段,低空经济带来了无人机的发展良机,但也正在加速推动行业洗牌。

当前重要的是先让飞行器飞起来,天空热闹起来,通过市场需求拉动产业集聚。任何一项新技术、新产品都是在广泛应用过程中不断完善和成熟起来的。低空飞行器作为商品,如何与市场结合,如何产生经济效益和社会效益，是低空经济发展的关键所在。相信未来几年将会有大量的低空飞行器产品面世，当前及今后，几乎全球所有的 eVTOL、H2eVTOL、大中型无人机、直升机、小型飞机等企业都将开始往国内集聚，都盯准了国内万亿元市场。当然，未来垂直起飞飞行器和 300 米、500 米、1000 米空域起飞的小型飞机不一定都是纯电动的，还会有太阳能、氢能、风能、生物质能等大量新能源产品出现，而且伴随着人工智能、无人驾驶技术、空天技术、人机交互技术的进一步普及，低空飞行器将更加智能化、数字化，外观也更加时尚。

把握低空经济"四核心"

目前，国内无人机产业和 eVTOL 产业主要集中在上海、深圳、广州、成都、南京、西安、哈尔滨、长沙等少数城市，其他城市短期要引进和培育核心航空飞行装备产业，的确面临很多困难。已经相对成熟的企业，基本上都有多年的技术积累，如今赶上"低空经济"风口，成为大家关注的目标。要想从当地挖走这样的企业，显然不太可能。

低空产业链诸环节主要有四个核心，我们究竟该先抓哪一个，或者先抓哪几个，取决于我们各自的资源优势、区位优势、产业链优势和政策优势。一是飞行器整机及核心零部件装备、维修、航电系统、信号接收和处理、通信等；二是飞行站、服务站等基础配套设施、空中交通指挥系统、空中交通通信系统、地面信号系统、空中安全系统、控制系统等；三是应用场景，以及与应用场景相结合的产业；四是适航认证、飞行器等强制性标准制定、飞行器检测、专业人才教育培训等产业。

每个城市不宜面面俱到，应发挥各自优势，做好顶层设计，先从完善基础设施和配套设施开始，统筹推进低空经济，选择从某个细分赛道入手，逐步做大做强。同时，要以国际视野，从更高的视角认识低空经济，把握其规律和趋势。

突破应用场景是关键

武夷山一家茶场的茶农每天雇用十来个老乡上山采茶，采完之后还要及时背下山杀青处理。请一位老乡从山上背下来，一趟一般需要两三个小时，每天跑三个往返就很累了，每天至少五六百元报酬。而通过无人机运输以后，不到 10 分钟时间就可以把茶叶运下来，可以节约大量的时间成本。

成都公园晒太阳的小哥哥、小姐姐，只需要在手机端下单，即可在几分钟之内，从空中飞来一杯咖啡、一碗汤圆、一碗臊子面……

如今，深圳宝安区城市空中交通运营示范中心启用，起降坪、机库、指挥调度中心、候机区等一应俱全。龙岗区建设低空智能融合测试基地，空域面积约 12.56 平方千米，为华南地区无人机企业提供无人机试飞、飞手培训、比赛交流等多样化场景支撑。2023 年，深圳新开通无人机航线 77 条，新增无人机起降点 73 个，新增 7 处备案直升机机场，新增 1 处 eVTOL 起降场。

成都两条城市低空载人出行验证飞行航线迎来"首飞"。第一条航线从洛带通用机场起飞，飞行 30 分钟后抵达中欧中心，短暂停留后飞往青城山，然后返回洛带通用机场降落。第二条航线从洛带通用机场起飞，抵达成都天府国际机场降落，再由此飞往成都双流国际机场，短暂停留后返回洛带通用机场降落。目前，成都市已经规划 9 条航线，开启城市低空载人出行验证飞行。

一架载着 10 名旅客的直升机从深圳北站接驳机场腾空而起，在空中仅用时 8 分钟，便抵达位于深圳湾的联想后海中心，原本 40 分钟的车程大大缩短。这是国内首个"低空+轨道"空铁联运项目，高铁站出来直接上"飞的"，1 小时可以抵达粤港澳大湾区 90%以上的地区。

苏州空中快线高新广场直航中心已投入启用，将通过提升空中出行、机场接驳等服务，全力打造辐射长三角的低空交通网络。苏州空中快线高新广场直航中心位于苏州高新广场，是苏州高新区首个空中快线枢纽点。直航中心候机厅在一楼大堂西大厅设立，楼顶停机坪作为直航中心起降点。直航中心已开通苏州至无锡硕放国际机场的航线，飞行时长约 12 分钟。这一距离原本打车需要四五十分钟，坐公交则需要将近一个半小时。通过空中快速飞行及机场专属通道，通行效率相较于地面通勤、机场普通通道提高 4~5 倍。未来，直航中心还计划开通至上海虹桥机场、浦东机场的直升机联程接驳航线。

一架 5 座电动垂直起降航空器（eVTOL）从深圳蛇口邮轮母港起飞，约 20 分钟后降落在珠海九洲港码头，这是全球首条 eVTOL 跨城跨湾航线的首次演示飞行，而深圳至珠海的地面单程车程时间为 2.5~3 小时。2024 年 4 月 30 日，深圳市属公园首条无人机配送航线在深圳中心公园启用，市民游客只要动动手指，就能在公园内快速获得"从天而降"的各类外卖，不仅节省了大量沟通时间，配送效率也大幅提升。

广州开发区与黄埔区联合举行了低空经济应用场景新闻发布会，正式公布了《黄埔区低空经济应用场景典型案例》及《黄埔区低空经济应用场景机会清单》。这是全国范围内首个针对低空经济具体应用场景的官方清单，标志着广州在低空经济领域的发展迈出了实质性的一步。该清单包含了 16 个已经或即将投入使用的典型案例，以及首批 55 项潜在应用场景。这些应用场景广泛覆盖了农林业生产、低空巡检、气象监测、交通出行、城市管理、低空文旅、物流配送、应急救援及飞行培训等多个领域。然而，也有分析指出，尽管应用场景丰富多样，但低空经济的实际落地和商业化运营仍面临诸多挑战，如政策监管、技术标准、安全保障等方面的难题。

由南京红十字血液中心到浦口区人民医院、浦口区中医院的无人机医疗血液运输航线正式进入常态化运营阶段，日均开展飞行任务 4 架次，经过 15 分钟固定航线飞行，便可抵达医院，大大缩短了血液等医疗物资的配送时间，有助于提高救治效率。6 月初，南京新划设了 2 条航线、2 处空域，推动低空经济应用场景深化发展。两条航线以南京航空航天大学国际创新港总部为起点，一条连接南航明故宫校区，是专门运送精密仪器的无人机低空物流航线，单程时间相比车辆运输要减少 1 小时左右；还有一条连接六合区顺丰速运网点，主要满足快递物流运输的需求。新增的两处空域分别位于南京市建邺区江心洲生态科技岛和溧水傅家边，主要服务于无人机驾培、物流运输、农林植保及应急抢险救援。南京原来有 4 个片区的空域，这次增加到了 6 个片区，从原来的 617 平方千米增加到了 730 平方千米。

现在，很多城市推出了外卖空中送服务。点杯咖啡，要个外卖，买个药，送个快递，都是分分钟的事情，虽然看起来并不抢眼，也未全面普及，未来却触手可及。

谁最先掌握应用场景的主导权，谁就能够率先集聚上下游优势资源，就能够率先抢占低空经济的发展先机。现在，低空经济还处于起步期，可飞行的航空器产品少，应用场景少，交通指挥平台还没建成，低空经济基本上还处于"看不见，摸不着"的状况，但是，大家都坚信"低空经济未来可期"，都在从不同角度探索低空经济发展路径。在这种情况下，发展低空经济需要调整思路，从应用端入手，从无人机、直升机、小型飞机开始，围绕农林植保、物流快递、海洋牧场管理、海产品运输、口岸转运、空中巴士、城市综合管理、旅游观光、抢险救急、线路巡检等领域率先启动，在实践的过程中不断总结，不断完善。

航空飞行器升级换代步伐加快

关于航空飞行器，目前成熟的产品主要有直升机、大中型无人机、小型飞机、eVTOL、H2eVTOL、飞行汽车等，先从载物开始，逐步拓展到载人，从短距离、点对点、端对端的运营开始，逐步拓展和完善，积累经验。下一步，大型无人机、特种无人机将率先大规模产业化。而无人机之所以遇到瓶颈，核心在于大多数无人机厂家缺乏解决方案，基本停留在卖产品阶段，应用场景不突出，商业模式不清晰，产生的附加值低，产业链不完善。

随着应用场景的快速突破，未来相当长一段时间内，无人机都将在低空经济中扮演重要角色。预计到 2030 年，我国规模以上无人机企业将从 2023 年的 2000 多家扩展到上万家，市场规模也将从 2023 年的 1300 多亿元进入万亿元产业俱乐部。直升机的噪声大、价格贵，不容易得到大面积普及，而 eVTOL（电动垂直起降航空器）、H2eVTOL、飞行汽车等新型飞行器闪亮登场，价格在一两百万元，主要是以载人为主，可以在 200 千米范围内飞行，体验感和舒适性好，能够大范围推广应用，最终进入家庭。

CHAPTER 3
第三章

哪些城市最有望成为低空经济第一城

很多城市一开始就给自己提出了很高的目标，立志成为国家首批低空经济试点城市，要成为天空之城，而且还要争创低空经济第一城。瞄准这些目标的城市主要有深圳、广州、成都、南京、杭州、珠海、苏州、合肥、长沙、无锡等。

在省级层面，广东、江苏、四川、浙江、山东、河南、安徽等省市的力度非常大，也最抢眼。广东省在低空经济高质量发展大会开完的第二天，就在广州市举行了低空经济高质量发展大会，这个力度让我们再次看到了广东作为全国改革开放前沿阵地的高效率。广东省政府一开始就明确在广州、深圳、珠海三个城市先行先试，成立工作专班，办公室设在省发展改革委，抓统筹协调，各部门相互配合。而江苏省动作也很快，南京、苏州、无锡等城市最早行动起来开展应用场景推广，进行联盟建设和资源整合。最近，常州、扬州、镇江等城市也开始高调行动。

深圳、广州率先起跑

2024年5月21日，广东省人民政府办公厅关于印发《广东省推动低空经济高质量发展行动方案（2024—2026年）》的通知提出，到2026年，低空管理机制运转顺畅、基础设施基本完备、应用场景加快拓展、创新能力国际领先、产业规模不断突破，推动形成低空制造和服务融合、应用和产业互促的发展格局，打造世界领先的低空经济产业高地。全省低空经济规模超过3000亿元，基本形成广州、深圳、珠海三核联动、多点支撑、成片发展的低空经济产业格局，培育一批龙头企业和专精特新企业。积极争取国家支持，在具备条件的地区开展城市空中交通、低空物流、全空间无人体系试点示范，适应城市低空空域安全高效管理需求。及时总结相关地区试点示范经验，探索将空域管理、运行管理、飞行保障等方面的改革创新成果推广到全域。

2024年1月3日，深圳市人大常委会网站公布《深圳经济特区低空经济产业促进条例》，于2023年12月29日经深圳市第七届人民代表大会常务委员会第二十三次会议通过，自2024年2月1日起施行。该条例是国内首部低空经济产业发展地方法规。

深圳市于2023年12月27日发布出台《深圳市支持低空经济高质量发展的若干措施》，围绕引培低空经济链上企业、鼓励技术创新、扩大低空飞行应用场景、完善产业配套环境四个方面提出20项具体支持措施，推动低空经济高质量发展。其中，符合资格的电动垂直起降航空器（eVTOL）企业如果落户深圳，最高可获得2000万元奖励。在深圳经营且产品通过民航局适航认证的eVTOL企业，可获得1500万元奖励。取得行业主管部门审批并常态化运营（每年完成1000架次以上）的航线，每条新开航线给予一次性奖励35万元。首年企业年运营每增加2万架次给予80万元奖励。次年开始，对于企业新开航线、同比上一年总飞行架次增量部分按相同标准给予奖励，以上两项奖励每家企业每年合计不超过2000万元。

在扩大低空飞行应用场景方面，深圳市提出：一是鼓励做大低空物流市场规模。对在深圳开通低空物流配送新航线的低空经济企业给予奖励；二是鼓励开通通航短途运输航线。对在深圳开通取得行业主管部门审批且在公开渠道售票的通航短途运输航线并常态化运营的低空经济企业，给予奖励。三是培育城市空中交通新业态。对取得行业主管部门审批的深圳首条eVTOL商业航线运营企业，给予一次性奖励100万元。四是鼓励拓展多领域应用。鼓励市区各单位将低空应急救援、医疗救护等公共服务及智慧巡检等政府履职辅助性服务，在市本级指导性目录项下纳入本单位政府购买服务四级目录管理。鼓励企业拓展无人驾驶航空器、直升机、eVTOL 在电力巡线、港口巡检、航拍测绘、农林植保等领域的商业化应用，开发空中游览、编队表演等服务项目。推动低空飞行与轨道、机场等开展联运，不断丰富低空经济新业态。

《广州市推动低空经济高质量发展若干措施》提出，拓展低空经济应用场景：一是鼓励企业提供市内交通类、城际交通类低空飞行器载人飞行服务，单条航线年度最高补助 100 万元，单个企业年度补助不超过 200 万元。二是拓展低空货物多式联运创新场景，推动低空应急及医疗救援体系、无人机+智慧物流场景落地。三是鼓励民办机构积极开展无人机驾驶员、无人机装调检修工等低空经济领域相关工种的培训。支持企业、院校和社会培训评价组织申请备案低空飞行行业职业工种认定，并开展相应等级认定工作。四是发挥政府购买公共服务的引导作用，统筹本市农业、林业、环保、应急、自然资源、气象、水利、公安、交通等多个领域的低空飞行服务需求，支持拓展无人驾驶航空器在警航、城管巡查、执法取证、医疗救助、森林灭火、城市消防、应急救灾、国土测绘、交通指挥等公共服务领域的应用。五是对于使用起飞重量超过 150 千克的大型载人无人驾驶航空器、年度飞行服务 2000 架次以上用于旅游、体育的示范项目进行补助，单条航线年度最高补助 50 万元，每个企业年度补助不超过 200 万元。

成都、苏州、南京、杭州紧随其后

成都低空经济优势明显，在航空飞行器装备制造领域有中航工业庞大的产业基地，有沃飞长空 eVTOL 整机生产企业，有中航无人机、纵横股份、腾盾科创等大中型无人机龙头企业，已建立完整的航空产业总体设计、总装制造、系统集成和试验验证体系，工业无人机产业集群初具规模。与此同时，还有民航二所、中国民航飞行学院等科研机构，有九洲空管等配套服务龙头企业，以及成都率先创建城市低空交通指挥平台，率先推动应用场景建设等后发优势。中国民用航空局在成都启动了首个民航科技创新示范区，标志着成都在我国低空经济的竞争中完全有机会进入第一方阵，并积极争取国家首批低空经济示范城市。成都是全国少有的同时建成并运营两座国际机场的城市，也是中国民用航空局推动的全国首个民航科技创新示范区。

2024年5月，《南京市促进低空经济高质量发展实施方案（2024—2026年）》正式发布，明确了未来三年南京低空经济的发展目标和重点任务。到2026年，力争南京低空经济发展水平稳居全国第一方阵。三年后，南京低空经济产业规模发展超过500亿元，低空经济领域高新技术企业达120家以上；建成15个省级以上重点实验室、技术创新中心、工程技术研究中心等创新平台；形成科技特色鲜明、产业规模领先的低空经济产业集群。南京将进一步完善低空经济配套基础设施，逐步完善全市低空飞行地面基础设施和低空数字智联网，建成240个以上低空航空器起降场（点）及配套的信息化基础设施，建成3个以上试飞测试场和操控员培训点，规划建设1~2个通用机场，开通120条以上低空航线，有效满足低空飞行的各类需求。南京将不断拓展场景应用。拓展长江南京段低空智联网与无人机巡检、物联等融合应用场景，培育30个以上具备示范效应的创新应用场景，支持相关企业开发低空快递物流、旅游观光、航空运动等商业应用场景。

2024年7月，《杭州市低空经济高质量发展实施方案（2024—2027年）》发布，其目标是，到2027年，建成各类无人机起降场（点）275个以上，开通低空航线500条以上，力争低空经济产业规模突破600亿元。加快产业补链强链，到2027年，催生头部或关键环节企业10家以上，引育产业链相关企业600家以上，产业规模突破600亿元。建立健全空域规划、航线划设、飞行准入、运行管理、空地安全等标准和规范，形成全链管理体系，到 2027 年，实现无人机安全运行超百万架次/年。低空应用场景丰富多元。重点打造"低空+物流""低空+治理""低空+文体旅"三大应用品牌，加快探索"低空+客运"新业态，到 2027 年，低空物流总量进入全国前 5 位，低空飞行量超过 180 万架次/年。全力争创国家低空经济相关试点。

南京、杭州提出的目标是，在未来三年，力争产业规模超过 500 亿元或 600 亿元。虽然这个数据和深圳、广州等城市相比，差距太大了，但是感觉比较实际。稳扎稳打，先从基础开始，不要在乎产值。如果基础没有跟上，应用场景没有及时拓宽，这个数据也不一定能够实现。深圳、广州主要是在无人机领域占有 70% 的市场，这一个板块就有七八百亿元垫底。

《苏州市低空经济高质量发展实施方案（2024—2026 年）》提出：将建成 1~2 个通用机场，开通 100 条以上无人机航线，开通至周边机场 3~5 条通用航空短途运输航线。争创全国低空经济示范区，在低空基础设施共建共享、规模化飞行服务管理、低空经济全域全面发展三个方面进行探索创新。重点培育以大中型无人机和电动垂直起降飞行器为主的低空智造产业集群和集飞行保障、教育培训、航空维修、航空金融等于一体的低空服务产业集群。打造三个平台，分别是低空航空器试验检测平台、无人机适航服务平台和低空经济发展创新平台。搭建四张网络，包括提供低空飞行通道的航路网，提供低空航空器起降保障的设施网，提供低空通信、导航、监视、气象保障的智联网，以及提供飞行服务、安全监管和运行控制的服务网。拓展五大应用，在低空公共服务、城市空中交通、低空智慧物流、低空特色消费和低空航空器试飞检测五大方向上丰富应用场景。

相比较广州、深圳的高调和快速行动，上海和北京在低空经济发展方面则明显低调很多。一方面，北京、上海这样的国际化大都市产业基础雄厚，科研实力强，高精尖储存项目太多，而广州、深圳、苏州这样的城市发展很快，传统产业总量很大，科研基础相对薄弱，对新科技比较敏感。上海不仅在民航装备领域实力最强，有中国商飞整机研发和生产总部及庞大的配套产业支撑，在航电、人才、配套领域也遥遥领先。在五大 eVTOL 龙头企业里面，上海就有时的科技、沃兰特、峰飞三家总部企业，另外两家企业中，沃飞长空总部在成都，亿航智能总部在广州。

再看看一直比较低调的珠海，作为广东省重点培育的三大低空之城之一，珠海在通用航空装备方面其实远远超过广州和深圳，只是因为珠海的经济体量比较小，话语权不够，有些声音发不出来。早在 2012 年，中国航空工业集团就在珠海布局国内最大的通用航空企业——中航通飞总部基地和研发生产基地。这个资源和实力是国内很多城市无法比拟的，珠海还有一批大中型无人机及配套企业。所以这一次，珠海再次迎来发展机会。第一次机会应该是改革开放初期，珠海与深圳并列为沿海经济特区。但是，沿海这么多特区，做得最好、最成功、名气最大的就是深圳，其他城市好像和珠海一样，没有太多的存在感。

《珠海市人民政府关于印发支持低空经济高质量发展若干措施的通知》提出，从三个方面扩大低空飞行应用场景：一是支持开设低空货运航线。对经审批在本地新开设低空无人机货运航线的低空经济企业给予补贴。二是支持开设低空载人航线。对经审批在本地新开设 eVTOL 载人航线并商业化运营的低空经济企业给予补贴。其中，空中观光游览类补贴 100 元/架次，市内交通类补贴 200 元/架次，城际交通类补贴 300 元/架次。对经审批在本地新开设无人机跨境客运航线并商业化运营的低空经济企业，按照 400 元/架次给予补贴。每家企业每年度获得该项补贴金额最高不超过 500 万元。 三是拓展多领域应用。鼓励市、区相关单位通过政府购买服务、补偿补助或保险保障等方式开展低空应急救援、医疗救护等公共服务。鼓励企业拓展无人驾驶航空器、直升机、eVTOL 在电力巡线、岸线巡检、港口巡检、农林植保、空中游览等领域的商业化应用。推动低空飞行与轨道交通、机场等开展联运，不断丰富低空经济新业态。

其实，珠海还有一个非常重要的平台没有用好，作用也没有发挥出来，那就是珠海航空展。据介绍，中国国际航空航天博览会［简称中国（珠海）航展或珠海航展］是以实物展示、贸易洽谈、学术交流和飞行表演为主要特征的国际性专业航空航天展览会。从 1996 年成功举办首届航展以来，发展成为集贸易性、专业性、观赏性于一体，代表当今国际航空航天业先进科技主流，展示当今世界航空航天业发展水平的蓝天盛会，已是世界五大最具国际影响力的航展之一。

从航空业界的反馈来看，珠海航空展影响力比较有限，特别是国际影响力远远不够，对当地产业的培育、带动作用也不是很明显。按照常理，任何一个全球有影响力的行业展会不仅是行业交流、展示的平台，更是产业落地的平台。我们的很多会议展览一开始都是政府主办，逐步移交给企业具体运营，整体与国际接轨还不够充分。一个好的会议和展览有没有生命力和号召力，不是发红头文件能够解决的。国内也有一些市场化运作得非常好的专业展会，每年展会面积几十万平方米，都是由一些专业性展览公司主办的。今天，低空经济、通用航空迫切需要市场化、国际化的平台，来引领和带动行业发展。

西安、哈尔滨实力很强，却很低调

在深圳、广州、成都、南京、苏州、西安几大城市的较量中，要说航空产业基础或低空装备产业基础，成都和南京、西安、哈尔滨底蕴丰富，实力较强，优势明显；但是要说市场活力，在开放度、创新力、创造力方面，广州和深圳的优势明显，尤其是深圳。而苏州是个有点尴尬的城市，既不是沿海大都市，又不是副省级城市或计划单列市，长期以来作为一个超级地级市存在，经济总量超越南京这个省会城市一大截，让人刮目相看。作为地表最强的地级市，苏州的实干精神值得学习和借鉴，县域经济均衡发展，全国十强县里面有一大半来自苏州。苏州没有好的大学，没有好的科研机构，经济却一直保持高质量发展。近些年，苏州在科技创新和高层次海外人才引进，以及深化国际合作等方面力度越来越大，各种短板正在加快补上。但是，要说苏州还有什么不足，我觉得苏州经济总量已经高达 2.5 万亿元，已经超过很多省会城市，要想获得更高质量发展，必须依靠更高的平台来带动。对待新科技、新业态要能够更高标准规划，更高起点布局，不能再走过去传统产业的老路，更不能急于求成。传统的思路已经拉不动苏州这么庞大的经济总量。就说苏州低空经济布局，的确会面临一些困难。苏州在民航装备产业和低空装备产业的优势并不明显，昆山除拥有航天时代飞鹏、峰飞航空两家组装企业外，其他企业规模都还比较小。要说苏州低空经济的优势，一是领导高度重视，看准了就干；二是经济基础扎实。但是，要和深圳、广州、成都、南京、西安这几大城市 PK，竞争将非常激烈，需要调整战略，弥补短板。

第一轮角逐中，第一方阵基本上被深圳、广州、成都、南京、杭州锁定，苏州、珠海、合肥、无锡、长沙、济南等城市也在积极推进。究竟谁能够跑到第一，关键要看谁最先把应用场景成功跑出来，而不是谁引进了多少家企业。现在来看，低空经济处于发展初期，低空飞行企业变化很大，产品迭代升级步伐很快。应用场景看起来不容易出业绩，却是低空经济发展的关键。有了应用场景的突破，才能率先掌握标准和运行规则制定的主导权。

在低空经济的统筹协调工作中，每个城市的分工也不完全相同，大多数城市是发展和改革委员会负责统筹，但在杭州、深圳、无锡等地，却是交通运输局负责牵头。

西安也是一个有点"尴尬"的城市，之所以单独列出来讲述是想说明，西安无论航空产业基础，还是科教、文化，在全国都是名列前茅的。但是，不知道什么原因，西安很多年在很多领域都没有声音。早就听说，西安乃至陕西的地下到处都是具有几千年厚重历史的好东西，按国家法律法规的要求不能挖，也不宜搞大规模开发，这在某种程度上限制了西安乃至陕西的发展。但是，科技是站在地面上的，为什么也看不见大手笔推进呢？着实没有搞明白。

西安古称长安，是全国 15 座副省级城市之一，跃居特大城市、国家中心城市行列，全市常住人口 1300 万，十三朝古都。古"丝绸之路"以长安为起点。2023 年，西安市实现地区生产总值 12010.76 亿元。

西安市是国务院批复确定的西部地区重要的中心城市，国家重要的科研、教育和工业基地，拥有西安交通大学、西北工业大学、西安电子科技大学等七所"双一流"建设高校，还有全国有名的科研机构。

根据西安航空基地官方网站公开披露的信息，西安集聚了国内航空 1/4 的科研生产力量，航空集群的主体——西安阎良航空基地被誉为"中国航空城"，是中国航空资源最为密集的地方，拥有全国唯一完整的航空产业链。近年来，航空产业产值年均增长 20%，2023 年达到 358 亿元。按照规划，到"十四五"末，西安全市航空航天产业规模将达到 2800 亿元。西安阎良国家航空高技术产业基地是全国唯一、亚洲最大的航空产业聚集区，也是中国航空事业核心承载地，从螺母到大飞机，航空产业链在这里"一条龙"搞定。有 3 万多名航空人才支撑着西安航空产业集群发展。

西安航空基地于 2004 年 8 月由国家发展和改革委员会批复设立，2005 年 3 月正式启动建设，是国内首个国家级航空高技术产业基地。2010 年 6 月，经国务院批准，西安航空基地升级为国家级陕西航空经济技术开发区，是目前我国唯一以航空为特色的国家级经济技术产业开发区。

西安航空基地坚持走"产业立区，特色发展"的道路，构建布局了由整机制造、飞机设计、强度试验、试飞鉴定等组成的主干产业；由机载系统、航空大部件、航空新材料等组成的分支产业；由航空零部件加工、转包生产、专用装备制造、航空维修、航空教育培训、通航运营等组成的配套产业；形成了以"三机"（大运、新舟、翼龙）、"三材"（陶瓷基、镁锂合金、碳纤维）、"三压"（模锻液压、大型旋压、热等静压）为代表的航空特色创新体系，一批填补国内空白的核心技术在这里取得突破，发挥了独有的战略性作用：中国首款具有自主知识产权并进入国际市场的支线客机新舟系列飞机从这里飞向全球，世界单缸压力最大的 4 万吨航空模锻液压机在这里投产，中国民用航空局唯一"通用航空产业试点园区"在这里设立，中国首座大型超临界二氧化碳循环发电试验机组在这里投运，全国首个陶瓷基复合材料智能制造基地在这里开工建设……

西安航空基地立足航空、全产业链构建的特色发展之路得到了多个部委的高度认可，先后被认定为"国家科技兴贸创新基地""国家火炬计划航空特色产业基地""国家新型工业化产业示范基地""通用航空产业试点园区""国家中小企业公共服务示范平台""国家小型微型企业创业创新示范基地""国家高新技术创新服务中心""国家先进制造业集群"等，成功举办了六届中国国际通用航空大会（西安航展），获批中国西部首个以航空为特色的综保区，入选航空领域唯一国家先进制造业集群等，展现了西安航空基地雄厚实力和广泛影响力。

西安也是我国航天事业的发源地之一，聚集了航天六院、航天五院西安分院、航天四院、航天九院 771 所、航天九院 16 所、科工二院西安分院、科工三院 33 所等"国家队"；构建起以卫星制造及火箭发射、卫星测运控、卫星应用、航天技术应用为代表的航天全产业链。"中国航天三分之一的力量部署在西安"正是西安航天产业实力最直白的诠释。从箭体设计、火箭发射，到卫星应用、推进系统和遥感应用，再到航天器测运控，西安已经搭建了相当完善的航天全产业链。我国现存商业航天相关企业 6.07 万家，其中西安坐拥 3987 家商业航天相关企业，全国排名第一。北京、广州分别现存 3551 家、3294 家航天相关企业，居全国前三。此后是成都、深圳、武汉等地，存量航天相关企业在 1500～2800 家。

以上是西安航空产业的真实情况，再看看其所依托的科研机构。

西安飞行自动控制研究所始建于 1960 年，是我国航空工业导航、制导与控制（GNC）技术研发中心，集产品设计、开发、生产、服务于一体，用户涉及多个行业。在业务范围上，该所纵向覆盖了从零部件制造到系统集成的全过程，技术继承性兼顾"生产一代、改进一代、研发一代、探索一代"的产品谱系策略。拥有飞行控制和惯性导航两个航空科技重点实验室，飞行器控制一体化技术重点实验室，设有"精密仪器及机械"专业硕士点、"导航、制导与控制"专业硕士点和博士点。近年来，该所在民用航空、非航空领域积极拓展市场，在大型客机（C919）、高铁、石油勘探领域均取得成果。

西安航空计算技术研究所是从事机载、弹载计算机和航空软件研制的专业科研机构。创建于 1958 年，前身是中国科学院西北计算技术研究所。经过六十多年的建设，已发展成我国航空工业机载计算机发展中心、航空软件开发中心、计算机软件西安测评中心、航空专用集成电路设计中心。

西安从事航空航天的科研机构还有很多，若能有一部分转向低空经济，不仅大中型无人机、低空载人飞行器领域，管控系统、指挥系统领域将出现一大批优秀企业，而且西安可以问鼎低空经济第一城。看完西安的情况，我们不得不感叹，西安的实力真不一般，只是太低调了。或许西安真的可以"活"起来，重新找回精气神。尽管早已没有了"帝都"的昔日风光，但是"贵族"的"范"始终还保留着，曾经的十三朝古都，没有几个城市可以比肩。相比北京、上海这样的国际化一线大都市，西安一直在犹豫，在彷徨，在寻找一个突破的机会。

如果说北京、上海有低调的资本，西安要想低调，可能都不准许。作为一个千万人口的副省级城市，GDP 仅仅相当于苏州这个地级城市的一半，与其他地级城市佛山、无锡、南通、东莞相当；与同样副省级城市的成都比较，差距也接近一半左右。现在，西安的支柱产业究竟是什么，有哪些？思考半天都说不出，一方面要说得太多了，另一方面在全国比较，规模又不是那么大。要不然，西安的经济总量早就该突破 2 万亿元规模。

如果深圳有西安的一半老底，估计都可以"飞"到天上去了。西安的问题可能还是创新氛围弱了一点，技术实力太强了，感觉动力与活力不太足。广东虽然是个经济大省，GDP 在 13.57 万亿元左右，但是广东省经济条件好的、实力强的城市，也就是珠江周边几个城市，而且还主要集中在珠江东岸的深圳、东莞、广州、佛山四个城市，经济总量接近广东全省的 70%，达到 8 万亿元左右；西岸的珠海、中山、江门三个城市加起来也才 1 万亿元规模，与东岸比较就差远了，还赶不上东莞、佛山一个城市的水平，而广东其他城市比西岸几个城市又要差远了。

西安所面临的问题，不仅西安存在，哈尔滨作为北方另一个副省级的省会大城市，也同样存在。哈尔滨的航空基础也特别厉害，只是因为长期不出声，过于低调，很多人都不了解。

哈尔滨航空产业起步于"一五"时期，经过70余年发展，已成为全国最大的直升机和航空发动机研发生产基地。直升机传动系统和飞机附件传动系统市场占有率全国第一；拥有哈尔滨飞机工业集团、哈尔滨东安发动机有限公司等知名企业，这些企业不仅在国内外享有盛誉，而且在航空产业链中扮演着关键角色。通过持续推动主机厂开展"小核心、大协作"，目前，中航哈飞、航发东安主机厂的自主可控配套产品生产任务在区域本地外协配套率已达到90%以上，促进了哈飞工业、东安实业、广联航空、鑫华航空等一大批配套企业集群式发展。

哈尔滨飞机工业集团是国内唯一同时具备直升机和固定翼机设计、研发、制造能力的企业，其产品填补了国内7吨级以上直升机的空白。此外，哈尔滨市还积极推进航空科技成果转化，不仅提升了哈尔滨市在国产大飞机重大科技专项中的配套量，还推动了地方航空产业链的提档升级。哈尔滨市政府相关负责人介绍，在当前大力发展低空经济的机遇期，哈尔滨市积极培育低空经济新场景，拓展市场规模，完善"研发+智造+应用"产业链，充分发挥领军企业链主作用，带动上下游产业协同发展，为传统产业升级、促进经济发展提供强劲引擎。

航空领域需要新势力超越

写到这里，我发现航空工业与汽车工业非常相似。2009年，我们当时与工业和信息化部合作，在钓鱼台国宾馆举办了首届电动汽车论坛。我们希望借此推动我国电动汽车标准和技术路线发展，结果发现根本推不动。

那个时候我国的汽车产业主要还是由一汽、二汽、上海汽车、长安汽车等少数几家国有企业控制，民营汽车企业整机厂家就两家，做得非常艰难。那个年代，汽车生产需要资质。工业和信息化部成立以后，要整顿汽车产业"小而散"的格局，因此新的生产资质冻结以后就不会新批。过去有资质的汽车厂家一年也生产不了几辆汽车，技术工艺十分落后，十多年没有新产品推出，有想法的苦于拿不到资质，进入不了汽车行业。资质就显得特别珍贵。

短短十年间，汽车行业已经发生翻天覆地的变化，造车新势力的崛起，已经抛开生产资质这个"拦路虎"，选择让有资质的汽车厂家代工就可以。这些民营造车新势力只需要负责设计、研发、品牌营销、市场拓展。而过去国有造车的"老大们"今天却沦为造车新势力的代工厂，通过贴牌勉强度日。看看几大国有造车企业，还有几家保留着曾经的辉煌？恐怕只有一汽作为共和国的"长子"，这几年突破了一些，时不时还出现在聚光灯下。汽车行业洗牌完全由市场驱动，不会给任何人留情面。

我觉得我们的航空工业可能会步汽车行业的后尘，调整和适应的步伐太慢了。就说直升机吧，传统的直升机技术工艺已经非常成熟，但是难以普及，因为噪声太大、成本太高等。那么，今天风靡全球的 eVTOL 不也是直升机吗？不就是扩大版的无人机吗？要说实力，我们传统的直升机企业、无人机企业是不是基础更好，实力更强？如果愿意，只需要稍微下点功夫，借鉴现在时髦的、无处不在的人工智能技术、卫星导航技术、人机交互技术，很快就可以研发出比 eVTOL 更为成熟、更有吸引力的低空飞行器，把过去燃油发电系统变成纯电系统或者混动就可以了。而既然固定翼直升机安全一直备受关注，是不是也可以向多旋翼方面调整？

千万不要说 eVTOL 有多难，造车有多难，那是说给外行人听的。只要稍微静下来把原理研究清楚，你我都可以研发出这样的产品，我们只需要掌握核心原理，提出我们的方向和功能、目标群体，剩余一切都可以交给执行层面。生产一辆汽车难吗？四个轮子上面放上几个椅子，其他就交给无人驾驶和配套厂家。生产 eVTOL 难吗？无人机下面放几把椅子就可以，如果觉得宽度不够，换成大型无人机不就可以了吗？

无人机在低空经济领域扮演重要角色，非常成熟，立刻就可以投入使用，有大中型载物的，也有轻型、微型消费级的，原理大同小异。现在上规模的无人机企业有 2000 多家，觉得低空经济正在推动无人机新一轮大爆发，前提是转型升级的步伐在加快。未来五年，我们的低空经济都将是无人机唱主角。估计到 2030 年，大大小小的无人机企业恐怕要超过万家，市场规模有望率先超过万亿元。但是，能够赚钱的还是保留在 1/3，其他 1/3 是微利，其他 1/3 是亏损。五年以后，各种载人的、无人驾驶的飞行器将占据主流。不管未来是有人驾驶，还是无人驾驶，无人驾驶技术将在低空飞行器领域得到全面普及。

今天，我们很多国有的通用航空企业、直升机企业、无人机企业日子并不好过。但是，很多没有完全适应市场竞争，至少在低空经济热火朝天推进的当下，我们基本上很难看到一些国有通用航空企业主机厂唱主角。很多重要场合，连它们的身影都看不到，活跃的则是民营企业。

当然，并不是说我们的国有通用航空企业没有紧迫感。如果优越感太强了，紧迫感自然就会弱一些。汽车行业的洗牌让传统的国有汽车企业过去的地位显著下降，这是客观现实。要说这些新势力造车的有几个有深厚的汽车底蕴，恐怕没有哪一个敢与它们比。但是，现实是民营造车企业在非常被动的情况下，已经成功实现弯道超车。

如果传统的直升机企业、无人机企业愿意多花点时间在低空经济这个赛道上，把企业当作自己的企业来管理，把自己逼到市场第一线去，恐怕才有希望实现重大转机。每一个行业都是被外行颠覆的，行业内部几乎不可能颠覆自己。马斯克并不是学汽车的，也不是学火箭的，他的厉害之处在于别人不敢干的事情，他一个外行敢干，而且还都干成了。

深圳要创建低空经济第一城，其他城市怎么办

在 2024 年 8 月 2 日举办的深圳市低空经济高质量发展大会上，深圳市发展和改革委员会、深圳市交通运输局、深圳市工业和信息化局等部门提出了多个建设低空领域、发展低空经济的新目标。2025 年年底，深圳要力争全市 120 米以下适飞空域开放面积占比突破 75%，低空商业航线总数突破 1000 条。同时，预计建成 1000 个以上低空飞行器起降平台，航线 1000 条以上，实现低空飞行服务保障达到国际先进水平。

深圳市工业和信息化局负责人表示，深圳在低空经济领域已形成融合低空制造、低空飞行、低空保障和综合服务的全产业链体系，呈现出关键系统及零部件领域"聚集快"、整机制造领域"实力强"、地面保障领域"根基稳"、运营与配套领域"模式新"等特点。深圳将围绕低空产业补链强链，深度服务好链上企业和机构，推动深圳加速向"低空经济第一城"迈进。

深圳市发展和改革委员会负责人介绍，深圳将构建层次分明、结构合理的低空起降服务体系，打造由直升机与 eVTOL 载客运输、物流运输、社区配送、公共治理服务等组成的低空起降网络，为"异构、高密度、高频次、高复杂性"低空飞行活动和"低空+"新兴业态培育提供支撑。

全国各地都在争创"低空经济第一城"，但都是"中国低空经济第一

城"，还不敢说世界低空经济第一城。虽然国外没有低空经济这个概念，但是低空经济也是航空经济的一部分，不管低空飞行器如何创新，如何改头换面，都是航空器的一部分。航空基础是必不可少的。这一块，美国一直处于世界顶尖位置，即使在 eVTOL 这个领域，也是美国的波音等企业处于第一梯队，美国硅谷集聚了全球 eVTOL 企业的研发力量。目前，我们基本上处于第一梯队与第二梯队之间。

很多媒体都报道，深圳要创建世界低空经济第一城，但是没有找到官方的说法。估计"世界"二字是媒体记者加上去的，目的自然是给深圳市更大压力，更大期许。

在低空经济白热化的竞争中，深圳作为"无人机之都"，拥有良好的产业生态和市场活力。上海在航空（包括民航大飞机、航电、电子设备等）领域具有绝对优势，但是，上海对低空经济的发展力度没有广州、深圳那么大。而广州在飞行器整机装备、航电等方面远远超过深圳，eVTOL 和飞行汽车整机生产、研发、制造方面就有亿航智能、广汽飞行汽车、小鹏飞行汽车，在导航、飞控等产业链环节也有较强的产业优势。要说硬件和软件实力，我们前面也分析过，广州并不比深圳差，要说差距，在创新氛围和创新环境方面，深圳的优势要明显超过广州。毕竟作为新兴城市，深圳没有"历史包袱"，一切从零开始，又有特区优势，发展后劲足。

无论是世界低空经济第一城，还是中国低空经济第一城，都不是一个小目标。为什么深圳这么急，广州这么急？广东省这么急？因为广东省总体上还是一个传统经济大省，深圳、广州虽然经济总量都很大，但是在经济下行的大环境压力下，传统产业的增长空间显然是不够的，需要新经济、新业态带动。低空经济成为国家战略，作为经济大省的广东率先行动起来，也是可以理解的。而且，广东省也明白，低空经济就是航空经济，在航空制造、研发、人才等领域，它们并不占有明显优势。往往没有优势的才更急切，才更努力。

现在，深圳要想做第一，广州怎么办？其他城市怎么办？我们也分析过，要说国内低空经济实力最强的肯定是上海、西安、哈尔滨、成都这样的城市。航空产业的硬件、软件、人才、环境一定是上海第一，现在上海没有表态的情况下，深圳率先表态，给自己加压，广州、南京、成都、苏州这些城市都在跃跃欲试，都想做第一，却缺乏足够勇气。既然深圳先表态了，其他城市恐怕暂时保持沉默。因为，谁也不愿意做老二、老三。但是，追赶的脚步不会停止，大家只有用实力来说话了。

我有一次和一位市领导也聊到这个话题。他的意思是深圳说要创建低空经济第一城，是好事，带个头。我也可以创建啊。这个观点，我也认可。的确不能沉默。因为一旦沉默，很多机会就错过了。深圳说要创建第一城，只是一个目标。广州也完全可以理直气壮地向全社会宣布，广州要争创低空经济第一城，成都、南京、西安、哈尔滨、苏州都可以这么说。毕竟刚刚起跑，大家都还远远没有到达终点，没有哪个裁判一开始就判定谁是第一，谁是第二。

这估计与我们东方人的腼腆文化有关。我们的留学生在欧美发达国家读书，大多数都很专心，很认真，很勤奋，学习成绩也很好。唯一的缺点就是不敢举手，不敢提问，害怕说错了脸红，不敢否定老师和同学的观点。因为在我们的文化里，我们总是追求绝对正确。总觉得自己心里有数，自己知道就可以。其实，从辩证的角度来看，这个世界上，不管科技怎么发达，经济怎么发达，怎么民主，哪里有什么绝对正确呢？哪里有那么绝对的标准答案呢？西方的文化不是这样的，要求有观点、有想法就需要表达出来，鼓励争论，鼓励表达自己的观点，把问题拿在桌面上说。而我们总喜欢小范围讨论，结果就会错过很多直接交流的机会。

我们为深圳的敢闯敢试助威，也为其他城市的追赶摇旗呐喊。

低空经济是开放式经济，我们的飞行器，我们的空域管理、航线规划，以及我们的商业模式，都需要开放与交流。我们一方面要勇于按照既定的目标去做，在实践中摸索、验证，另一方面也要借鉴欧美国家和地区在通用航空领域的成功经验。

CHAPTER 4
第四章

低空经济与低空飞行器

低空经济主要包括几个部分：一是装备端，主要是空中飞行器，即飞行装备；二是地面端，即地面基础设施端，包括服务站、飞行站等；三是空中端，即空中基础设施，包括空中指挥系统、飞行管控平台、低空飞行数据平台、空域协同管理平台，这几个平台完全可以融为一个平台和一张低空交通指挥网；四是应用端，包括物流快递、空中巴士、旅游观光、农林植保、线路巡检、城市管理等通过空中运输产生的经济活动，都属于低空经济；五是服务端，即围绕飞行装备和飞行产生的认证、检测、标准、教育培训、咨询等业务。

地方招商引资热衷于装备制造，也是可以理解的。但是，目前我国低空飞行器企业还不多，规模以上的无人机企业有 2000 多家，产值在 1300 多亿元，2024 年应该可以接近或超过 2000 亿元；直升机企业规模比较小，具体数据不详；eVTOL 这样的新型纯电动飞行器还处于起步阶段，各种测试、验证，基本还没有实现产业化、规模化。成都沃飞长空、广州亿航智能、上海时的科技、沃兰特、峰飞航空五家 eVTOL 新秀正在引领低空经济新潮流。当然，除此之外，还有飞行汽车、轻型固定翼飞机、公务机的管理、维修、教育培训等都值得重视。

低空经济整体才刚刚开始，国外都是讲通用航空。我国早在十年前，就开始推动通用航空，在全国各地已经建成了 449 座通用机场，但是由于空域并没真正开放、空中飞行业务短缺等多种因素限制，通用航空还面临不少挑战。现在推进的面向 300 米、500 米、1000 米为主的低空经济是完全可行的，能够充分激活低空物流、医疗急救、抢险救灾、旅游观光和空中代步出行等需求，发挥空中快速通道的作用，在地面和高空空域之间找到一条经济转型的新通道。现阶段，我们首先应该特别注重应用场景开放和空域线路规划，探索更多的场景应用。未来谁最先掌握应用场景，谁就有可能成为低空经济的引领者。其次，要鼓励开放与创新，引进和培育更多的低空飞行器企业，无论纯电动，还是氢能、太阳能、生物质能的飞行装备，都是今后发展的重点，也要鼓励更多大型无人机、固定翼、多旋翼甚至零重力产品产业化。

低空经济包括硬件、软件和服务。也就是说，通过低空飞行带来的市场应用，以及与之配套的相关上下游产业被激活所产生的经济形态，是一个较为完整的综合性的产业业态。

低空经济首先要让飞行器飞起来。我们把天上飞的机器统称为"航空飞行器"。在低空飞行的，称为"低空飞行器"。

低空主要指 1000 米以下空域，因为大多数低空飞行器，包括无人机、直升机、eVTOL、小型飞机都是在五六百米左右到千米空域飞行。再往上到 3000 米左右空域，一般都是通用航空的区域，也就是比较大一些，而又比民航飞机小很多的飞行器飞行的空域。本章将系统性介绍低空飞行器有哪些特征，未来发展趋势是什么。

无人机迎来高光时刻

无人机是无人驾驶的、能够飞行的机器，主要指不载人的飞行机器。无人机其实对我们并不陌生，我们身边有很多朋友玩过无人机。我国是无人机大国，占据全球 70%左右的市场。而深圳、广州一带的无人机数量更是高达全国的 70%以上，是名副其实的无人机之都，代表性的企业就是大疆等。

截至 2023 年年底，国内注册无人机 126.7 万架，同比增长 32.2%；运营无人机的企业 1.9 万家；有登计的民用无人机全年飞行 2311 万小时，同比增长 11.8%。2024 年上半年，我国新注册无人机超过 60 万架，无人机总数较 2023 年年底增长 48%。截至目前，超过 1.4 万家无人机企业持有现行有效的民用无人驾驶航空器运营合格证，超过 22.5 万人持有无人机操控员执照。

2023 年，我国无人机市场规模在 1350 多亿元，预计 2024 年将接近或突破 2000 亿元；到 2030 年，我国无人机有可能率先进入万亿元产业俱乐部行列。对于无人机未来发展，我是比较乐观的，因为我看到了无人机在低空经济中的角色和市场前景。因此，我认为无人机迎来真正的风口，是 2024 年。低空经济这一波机会，在推动无人机成长的同时，也将推动无人机加快产业转型升级、产品迭代，真正推动无人机在应用端实现巨大突破。

总体来看，半年多来，低空经济率先推动了无人机的快速崛起。其实，eVTOL 等新型低空飞行器不就是一架无人机吗？只不过是载人的无人机。

不过，无人机这个行业也不是每一家日子都很好过，喜忧参半好像还不够准确，2000 多家规模以上的无人机企业中，能够盈利的恐怕只占百分之二三十。虽然低空经济率先推动无人机从中受益，但不是每一家无人机企业都有机会。首先带来的是无人机行业开始洗牌，一大批消费级无人机企业受影响最大。而功能更为强大的大中型无人机和功能型无人机的市场机会来了。

下面我们先来了解一下无人机有哪些分类，以及国家对无人机的管理有哪些条款。

无人机一般可分为微型无人机、轻型无人机、小型无人机及大型无人机。微型无人机是指空机质量小于或等于 7 千克的无人机；轻型无人机是指质量大于 7 千克但小于或等于 116 千克的无人机，且全马力平飞中，校正空速小于 100 千米/小时（55 海里/小时），升限小于 3000 米。小型无人机是指空机质量小于或等于 5700 千克的无人机，微型和轻型无人机除外。大型无人机是指空机质量大于 5700 千克的无人机。

2024 年 1 月 1 日开始执行的《无人驾驶航空器飞行管理暂行条例》对无人驾驶航空器按照性能指标分为微型、轻型、小型、中型和大型。从事微型、轻型、小型民用无人驾驶航空器系统的设计、生产、进口、飞行、维修及组装、拼装活动，无须取得适航许可。微型、轻型、小型民用无人驾驶航空器系统的生产者，应当在无人驾驶航空器机体标注产品类型及唯一产品识别码等信息，在产品外包装显著位置标明守法运行要求和风险警示。民用无人驾驶航空器所有者应当依法进行实名登记。

按机翼类型，无人机可分为固定翼无人机、多旋翼无人机、无人飞艇、伞翼无人机等。

多旋翼无人机是市面上常见的消费级无人机类型，通常为四旋翼、六旋翼或八旋翼设计。这种无人机的主要优势在于其垂直起降和精准悬停功能，同时体积小、操作灵活且成本相对较低。其对环境要求不高，因此可以应用于多种工业领域，如管道检修和仓库清点。但是，多旋翼无人机通常续航时间比较短、作业面积小、速度较慢，限制了其在很多应用场景下的使用。

按用途分类，无人机又分为军用无人机和民用无人机。军用无人机可分为侦察无人机、电子对抗无人机、通信中继无人机、无人战斗机等；民用无人机可分为巡查无人机（包括监视无人机、农用无人机、气象无人机、勘探无人机）和测绘无人机等。

按活动半径分类，无人机可分为超近程无人机、近程无人机、短程无人机、中程无人机和远程无人机。超近程无人机活动半径在 15 千米以内，近程无人机活动半径在 15～50 千米之间，短程无人机活动半径在 50～200 千米之间，中程无人机活动半径在 200～800 千米之间，远程无人机活动半径大于 800 千米。中远程无人机一般都使用燃油或生物质能、油电混合系统作为动力来源，其优势在于续航能力强，航行距离远，最远的大中型无人机航行距离可以高达 2 万千米。也有些新型的无人机使用了油电混合与太阳能结合的方式。

按任务高度分类，无人机可以分为超低空无人机、低空无人机、中空无人机、高空无人机和超高空无人机。超低空无人机任务高度一般在 0～100 米之间，低空无人机任务高度一般在 100～1000 米之间，中空无人机任务高度一般在 1000～7000 米之间，高空无人机任务高度一般在 7000～18000 米之间，超高空无人机任务高度一般大于 18000 米。

按照中国民用航空局最新发布的《空域管理分类》，轻型无人机和小型无人机，在 300 米以下真空飞行，这属于非管制区域。当然，非管制在目前来看，也不是不受约束，具体也要看附近环境，是否涉及民航、军事、核心保密机构等特殊场景。以后，也不排除在农村和中小城市，300 米以下空域会进一步放开，毕竟无人机等飞行器都是实名制的。我们的汽车在道路上跑，并没有什么交警，为什么大家都很守规矩呢？原因就是违反交通规则需要付出一定的代价，毕竟汽车是实名制的。飞行器不也是一个道理吗？

为什么同样是无人机，赚钱的却是少数，大部分企业并不赚钱？核心是我们的无人机大都是消费级，如果没有核心技术，只是简单组装，是很难做大市场规模的。因此，我感觉无人机未来一定是朝大中型、长距离、高载重三个方向发展。消费级无人机可能的确存在饱和状态，产能过剩带来的后果就是行业洗牌。而且，简单地卖产品时代已经转向卖服务，无人机只是其中的一个工具而已。

前不久，我应邀去昆山的航天时代飞鹏公司参观考察，他们有一款大型货运无人机，外观和驼峰飞虎队使用的飞机很相似，载重量达1500千克，航行距离高达1.2万千米。这样的无人机在物流、快递领域的市场空间简直是要多大就有多大。该公司还开发了很多款垂直起降的大中型无人机。据悉，苏州港航集团看到了商机，想采购一批这样的无人机用来做港口转运。江苏很多城市都在长江边建有产业园区，但是大的货运船只无法靠岸，过去是通过小船转运，一是风高浪急很不安全，二是效率低。通过大中型无人机转运，效率会提升很多。要是能够在全国推广起来，仅仅这一个应用场景就是千亿元级别。

另外一个案例就是药品、血液、急救、抢险等，通过无人机和eVTOL、直升机等快速转运，组建空中120快速通道。很多城市正在将全市各大医院与各大社区连成一张网，在每个医院楼顶、大型住宅小区、社区集中设置无人机站点、直升机和eVTOL服务站，通过空中通道搭建起若干低空服务网络。如果全国各大城市率先将医疗救急的空中120通道网络建立起来，低空经济也就开始融入我们的生活了。

城市管理也是无人机的巨大市场。无人机与数字化紧密相连，推动城市数字化管理上台阶。过去，我们的城管、交警、巡警，安排大量人员上街巡逻，重复性工作交叉，资源浪费严重，效率十分低下，而且现场取证难。现在，很多地方建立了城市管理的综合性智能终端，将城管执法、交警巡查、治安管理、社区管理、水务管理、抗震救灾等若干功能集于一体，利用无人机 24 小时空中巡查拍照和视频实时上传，一旦发现任何重大情况，就能第一时间将信息发给相关部门。

未来，无人机无处不在，几乎无所不能。无人机已经不仅仅是一架无人机，俨然成为一台智能机器人。无人机与人工智能的结合越来越紧密，智能化程度越来越高。即使是消费级无人机，也变得聪明起来。同时，无人机的功能还在延伸和拓展，过去我们的无人机大都是用来拍照的，也有些用来做遥感使用，真正发挥无人机价值的应用可能才刚刚开始。

空域管理分类

空域管理分类主要依据航空器飞行规则和性能要求、空域环境、空管服务内容等因素，将空域划分为 A、B、C、D、E、G、W 共 7 类。

A 类空域：通常为标准气压高度 6000 米（含）至 20000 米（含），为所有飞行提供空中交通管制服务，并配备间隔。航空器进入前须获得空中交通管理部门许可，驾驶员应具备仪表飞行能力及相应资质。

B 类空域：划设在民用运输机场上空，提供空中交通管制服务，航空器进入前须获得空中交通管理部门许可，驾驶员应具备仪表或目视飞行能力及相应资质。

C 类空域：划设在建有塔台的通用航空机场上空，为所有飞行提供空中交通管制服务，为仪表和目视飞行之间配备间隔，航空器进入前须获得空中交通管理部门许可，驾驶员应具备仪表或目视飞行能力及相应资质。

D 或 E 类空域：D 类空域标准气压高度高于 20000 米，为所有飞行提供空中交通管制服务，为仪表和仪表飞行之间配备间隔。E 类空域仅为仪表飞行提供空中交通管制服务。

G 类空域：120~300 米以内空域，以及平均海平面高度低于 6000 米、对军事飞行和民航公共运输飞行无影响的空域，主要是满足小型无人机和轻型无人机使用。

W 类空域：通常为真空高度 120 米以下部分空域，主要是满足轻型无人机使用。

G、W 类空域为非管制空域，A、B、C、D、E 类空域为管制空域。

无人机的分类管理和空域管理让低空经济又往前迈进了一大步，但与大家的期待还有些距离。迫切的任务是先让无人机飞起来，空中热闹起来，至于是送外卖，还是送咖啡，送快递，抑或是送人，都可以。虽然都是小打小闹，但并不重要。重要的是要有这样的场景，空中一旦热闹起来，应用也就不远了。古话说，环境造就一切。如果空中始终都是静悄悄的，哪有什么低空经济？大城市人口密集，严控区域较多，需要很好的规划和管理。但是，中小城市和农村集镇、大型社区，要进一步放宽限制，给无人机提供更多的运行空间。

eVTOL 闪亮登场

eVTOL 是个新名词，过去基本上没有听说过。eV 是纯电动的意思，electric Vertical Take-off and Landing 即电动垂直起降飞行器。目前，全球从事 eVTOL 研发和生产的企业有 300 多家，我国主要有沃飞长空、时的科技、沃兰特、峰飞、亿航智能几家龙头企业，产品将在未来两三年内陆续投入商业化运营，还有近百家还没成规模效应的初创企业。尽管还没产业化，有些企业的市值已经很高了，大都在上百亿元，即使还没上市的，几轮融资下来，市值也接近百亿元。这个逻辑关系我一开始都没有搞懂，最后才发现尽管公司收入还不高，有些公司甚至还没有收入，但是市场预期在不断攀升，这背后是资本的力量。

资本的确是把双刃剑，哪里有利益，哪里就有资本的影子。凡是资本看好的产业，社会影响力就大，就会有很多机构跟随。如果没有资本介入，再好的产业也难以发展起来。但是，资本的本性是逐利的，以利益驱动为主，往往拉得很高的时候就跑了，后面跟上的就成了"韭菜"。击鼓传花的故事，大家都清楚，我们整个世界其实就是这样运转的，没有利益就没有竞争，没有竞争就没有社会的进步，也就不会有科技的发展。资本是社会生存必不可少的润滑剂，没有资本的介入，我们的新兴科技是无法形成商业模式的。

我们一方面在痛骂资本贪婪，另一方面却又苦于没有资本的参与。反正，任何东西都有其两面性，看明白了心情就舒畅了。如果在项目早期、特别需要资本的时候，资本就是催化剂，就是救命稻草。如果腰杆硬朗了，资本就显得多余。总之，资本在很多人眼里可有可无，但却是必需的。社会运转需要资本。eVTOL 能够这么快就发展起来，资本的作用功不可没。资本一直看好 eVTOL、H2eVTOL、飞行汽车这样新型的低空飞行器，是好事。源源不断的资金可以帮助企业打造更加完美、更加有竞争力的飞行产品。同时，还没商业化、还没普及的东西才是资本最喜欢的工具。只闻楼梯声，不见人下楼，这样的朦朦胧胧最好。如果大家都搞懂了，资本的神秘性就消减了。

eVTOL 专家马克·摩尔在《航空周刊》上，对全球 14 家 eVTOL 代表企业进行了排名——第一梯队是美国的 Joby、Archer、Wisk（波音）、Vahana（空客），我们国内的几家企业大都在第一梯队尾巴上和第二梯队。一开始我也很惊讶，排在前面的应该是我们五大 eVTOL 龙头企业，怎么是波音、空客这些大飞机企业呢？后来仔细琢磨这个排名还是有道理的，虽然 eVTOL 是小型飞行器，但毕竟也是航空飞行器，做航空飞行器最牛的无疑要数波音、空客这些"巨无霸"了。国内企业刚进入这个行列，学习和积累的确需要一个长期的过程。

目前，美国旧金山硅谷集中了全球大多数 eVTOL 和 H2eVTOL 制造商与研究机构，包括 Joby、Archer、Wisk、Elroy、Kitty Hawk、Alef Aeronautics、Cora、Hoversurf、Vimana Global、Opener、Vahana，还有 Supernal 设立的研发中心、韩国的 Plana Aero。NASA 在硅谷设立的 Ames Research Center，持续推进未来交通系统、新型交通工具的研究和开发。加州大学伯克利分校航空未来实验室（Aviation Futures Lab）、斯坦福大学智能系统实验室（Intelligent Systems Laboratory）也在研究基于 eVTOL 的未来交通系统和可持续交通解决方案。

美国的 eVTOL、H2eVTOL 虽然也没有商业化，或许美国的市场空间不会有我国这么大，因为美国购买私人飞机已经比较普遍，私人飞机航程更远，更加成熟，但是在垂直起降飞行器方面也是处于研发和摸索阶段。不过，美国军方其实早就有垂直起降飞行器，而且是大家伙、大块头。大家熟悉的经常在日本普天间机场起飞折腾当地老百姓的鱼鹰运输机，就是燃油型垂直起降飞机，载重量非常大。

V-22 倾转旋翼机（Boeing Bell V-22，绰号鱼鹰、Osprey）是美国一款具备垂直起降（VTOL）和短距起降（STOL）能力的倾转旋翼机，在外形上与固定翼飞机相似，但翼尖的两台可旋转的发动机带动两具旋翼运转。

在固定翼状态下，V-22 倾转旋翼机像是一架在两侧翼尖有两个超大的螺旋桨的飞机；在直升机状态下，V-22 倾转旋翼机是一架有两个偏小的旋翼的直升机，这样使其具备直升机的垂直升降能力，但又拥有固定翼螺旋桨飞机高速、航程远及油耗较低的优点，最大飞行速度达 509 千米/小时，是世界上飞得最快的直升机。美国也正在研究鱼鹰的预警机与加油机型号和垂直起降战斗机配合使用。V-22 倾转旋翼机于 20 世纪 80 年代由美国波音公司和贝尔直升机公司联合研发，1989 年 3 月 19 日首飞成功，经历长时间的测试、修改、验证工作后，2006 年 11 月 16 日进入美国空军服役，2007 年在美国海军陆战队服役，同年开赴阿富汗进行实战部署，目前已有超过 200 架 V-22 倾转旋翼机生产下线。

2023 年 10 月，工业和信息化部、科技部、财政部、中国民用航空局四部门印发的《绿色航空制造业发展纲要（2023—2035 年）》正式发布，明确提出到 2025 年，电动垂直起降航空器（eVTOL）实现试点运行；到 2035 年，建成具有完整性、先进性、安全性的绿色航空制造体系，新能源航空器成为发展主流。鼓励开展绿色航空示范运营，加快将 eVTOL 融入综合立体交通网络，初步形成安全、便捷、绿色、经济的城市空运体系。至此，eVTOL 开始正式进入人们的视野。目前，eVTOL 还面临续航能力不足，航程短、空中通信和信号指挥系统没有跟上等问题，相信这些问题并不是核心，将会很快得到解决。空中通信和信号接收，与地面基础设施和配套设施的完善紧密相关，即时通信跟踪是确保航空器安全的重要因素。而续航里程是个渐进式的过程。就好比我们的汽车产业，在燃油时代，发动机一直是个"老大难"的问题，这些年随着造车新势力的崛起，绕开发动机，从电动汽车开始，走出了一条纯电动汽车的弯道超车新模式。

只要电池的密度突破了，电池的续航能力就能够迎刃而解，其他都不是问题，要说西方汽车业开始衰退，客观地说不是被中国电动汽车打败的，这样说也太"高估"了中国电动汽车厂家。准确地说，是被西方人自己的固执、高傲打败的。一方面传统汽车几乎十年、二十年都没有什么新变化，除车身外观有所调整外，大家可能更加注重舒适性和内饰的美观大方，以及一些新技术的应用。但是，你会发现凡是衰退比较厉害的几家国际大车企，到今天为止仪表盘还是一个很小的显示屏，没有触摸功能，没有自动导航功能，没有语音交互功能，没有舒适的座椅，没有与时俱进。

看看后起之秀的中国电动汽车，无论外观还是内饰，做得多酷多炫。哪怕一二十万元的电动汽车，远处看还真有点百万豪车的"范"，外观时尚抢眼，内饰奢华大气，宽敞舒适。而且，通过这几年的不断迭代，国产电动汽车也受到了广大车友的青睐，感觉并不比国外豪车差，很多方面还要超前。就说比亚迪的仰望 U8、U9，掀起了汽车界一场深刻的革命，国产汽车敢卖 100 多万元的，还是头一个，而且非常抢手，很快就供不应求，还出口欧美地区。能够原地掉头，水里畅行，内饰豪华，功能齐全，简直让外国人都惊呆了。有些外国车企的老板在汽车展会上，为了搞个明白，都跪在地上去拍车子底盘的照片，宁愿跪下来去拍照，也要搞个明白。至少，外国人真心服了。所以，任何科技产品一定要让技术说话，没有强大的实力，哪怕半句都是废话，没有说服力。

尽管我们的工业化还没有完成，我们的自主创新能力还比较薄弱，但是我一点也不担心我们的 eVTOL、飞行汽车，以及大中型无人机与国外同类产品会有多大的差距，毕竟人工智能、无人驾驶、人机交互、卫星导航、空天地一体化这些新科技已经普及，如果我们善于将这些新科技融合应用到我们的实践中，就能熟练地开发和应用这些技术和产品。

值得注意的是，未来三到五年，eVTOL、H2eVTOL、飞行汽车将会迎来一次大的升级和迭代，在人工智能、无人驾驶、人机交互、星链等新技术的融合创新下，将会诞生更多外观时尚、内饰豪华、安全性能更好、续航里程更长、智能化程度更高的低空飞行器。

我国的 eVTOL 主要有五大龙头企业，我们不妨认识一下。几家企业的共同特点，都是年轻人创业，都有着深厚的航空背景，都有强大的资本支撑，都得到了当地政府的大力支持。

沃飞长空科技（成都）有限公司（以下简称沃飞长空）于 2017 年 7 月 21 日成立，是一家以无人飞行器、物联网平台及创新服务为核心的科技公司，是新通航跨界生态整体解决方案的提供商。公司总部位于成都，在上海、深圳、武汉及海外设有分支机构，拥有完整而现代的研发、测试、生产、培训及服务场所。沃飞长空业务持续创新，已形成服务地理信息、安防巡检、空中出行、物流配送、消费生活与特殊应用等多领域的新通航智慧平台。沃珑空泰是沃飞长空和 Volocopter 在中国成立的合资公司，致力于将全球领先的城市空中出行解决方案引入中国，沃珑空泰负责 Volocopter 产品在中国的生产和市场推广，推动城市空中交通领域发展。

上海时的科技有限公司（以下简称时的科技）是自主研发倾转旋翼电动飞机的创新企业，以"为社会提供安全便捷的空中出行"为使命，创新研发了符合空中出行的新型交通工具 E20 eVTOL。eVTOL 可以垂直起降，不需要跑道、噪声低、安全性高、制造成本低、运营成本低、智能化且符合"双碳"目标，是全球争相布局的重点领域，是推动航空产业第三次技术革命的核心产品，可以有效推动中国综合立体交通的发展。时的科技依托安全可靠的航空技术和智能算法，致力于打造绿色可持续的数字化立体交通生态圈。"时的"意为"时间的士"，旨在为社会提供安全便捷的空中出行服务。E20 eVTOL 是代号为"E20"的倾转旋翼国产 5 座载人电动飞机，飞机为倾转旋翼构型，设计最大航程达 200 千米、巡航速度达 260 千米/小时，最快时速 320 千米。作为一款纯电驱动的飞机，其采用电机和电气化架构设计，简化动力传输方式，让飞行更加便捷和安全。采用大直径低转速 5 叶螺旋桨，大幅降低飞行噪声，带来安静舒适的飞行体验。其销售价格和运营成本低，整机性价比高。

上海沃兰特航空技术有限责任公司（以下简称沃兰特航空）成立于 2021 年 6 月，是一家专业从事电动垂直起降飞行器（Electric Vertical Take-off and Landing）研制的高科技公司。沃兰特航空以客运级 eVTOL 技术研发、设计、制造为核心业务，拥有业内顶尖水平的专业团队，VE25 型 eVTOL 是其主力产品，目前其产品技术参数、性能都居国内领先水平。作为一家为先进空中交通（AAM）提供可持续解决方案的中国科技公司，沃兰特航空致力于为重塑人类出行方式贡献中国智慧。沃兰特航空的核心团队来自中国商飞、空客、GE、霍尼韦尔等全球一流航空企业，拥有丰富的民航飞机研发、适航审定和商业化经验。沃兰特航空首款产品 VE25 采用复合翼架构，巡航速度 235 千米/小时，起飞重量 2.5 吨，可搭载 1 名驾驶员和 5 名乘客，是目前世界上已知载重能力最强、空间最大、研制等级最高的载人 eVTOL。

广州亿航智能技术有限公司（以下简称亿航智能）是一家领先的智能自动驾驶飞行器科技企业，致力于让每个人都享受到安全、自动、环保的空中交通，为全球多个行业领域客户提供各种自动驾驶飞行器产品和解决方案，覆盖空中交通（包括载人交通和物流运输）、智慧城市管理和空中媒体等应用领域。亿航智能的无人驾驶载人航空器已经在全球完成多次飞行演示，飞行足迹遍布亚洲、欧洲和北美洲，包括中国、美国、荷兰、日本、韩国、卡塔尔、奥地利、加拿大、西班牙、阿拉伯联合酋长国、爱沙尼亚和印度尼西亚，领跑全球城市空中交通发展。作为全球城市空中交通行业自动驾驶飞行器创新技术与应用模式的领军者，亿航智能不断探索天空的边界，让飞行科技普惠智慧城市的美好生活。2019年12月12日，亿航智能在美国纳斯达克全球股票市场成功上市，成为全球城市空中交通行业第一股，股票代码为"EH"。2024年5月6日，亿航智能电动垂直起降航空器EH216-S完成阿联酋载人首飞。

上海峰飞航空科技有限公司（以下简称峰飞航空科技）是国内最早投入大型eVTOL无人驾驶飞行器行业的科技企业之一。创始人田瑜先生进入航空行业20余年，拥有FAA固定翼和直升机飞行执照，熟悉各种飞行器的飞行性能，获得相关专利超过300项，并且成功研制了全球第一款获得适航认证的电动运动飞机。2024年5月6日，峰飞航空科技实现中国吨级以上eVTOL海外首飞。作为峰飞航空科技自主研发的大型eVTOL载人航空器，盛世龙最大起飞重量2吨，纯电动力，5座设计，可自主飞行，速度可超200千米/小时。2023年3月2日，峰飞航空科技飞行器——盛世龙4号机在单次充电状态下顺利完成250.3千米飞行，刷新了全球2吨级eVTOL飞行器航程纪录。2023年7月，峰飞航空科技成功完成3架盛世龙eVTOL航空器全尺寸验证机的编队飞行任务，实现了全球首次吨级以上eVTOL多架机、多机组、同空域、全转换的编队飞行。峰飞航空科技还在上海发布了全球首创2吨级eVTOL（电动垂直起降）航空器智慧空中消防方案：最大起飞重量2000千克，采用纯电驱动，可搭载4枚高性能灭火弹（100千克/枚），单枚灭火弹可灭火200平方米，单次飞行灭火面积最高可达800平方米。

过去通用航空没有达到预期，是因为没有考虑到人均GDP这一重要指标，也就是人均购买力这一因素。我国才刚刚进入中等发达国家行列，大多数人还不具备购买私人飞机的能力。毕竟我们是先从拥有一辆自行车开始，再到拥有一辆汽车，从几百元的自行车到几十万元、上百万元的汽车，已经不再那么艰难。但从自行车王国到汽车王国，这个过程是漫长的。小时候，我们根本不敢奢望有一辆属于自己的高档汽车，能有个自行车、拖拉机已经非常满足了。那么，我们有理由相信，未来五年、十年、二十年，我们也可能和大多数人一样，将拥有一部属于自己的 eVTOL 作为出行工具。消费升级与人均 GDP 成正比。或许二十年以后，当我们人均 GDP 突破 3 万美元、4 万美元时，将有大部分人购买私人飞机，我国将自然过渡到通用航空时代。显然，eVTOL、H2eVTOL、飞行汽车、轻便直升机、大中型无人机、小型飞机等短距离飞行器在未来二十年、三十年内将是低空空域的主角。

大胆预测，到 2030 年我国将可能有 10 万人购买 eVTOL、H2eVTOL、轻便直升机、小型飞机，成为我们重要的代步工具，而 eVTOL、H2eVTOL 无疑将成为主要的低空飞行工具。相较于小型飞机，eVTOL、H2eVTOL 不需要跑道等专门场地就可以快速起飞和下降。

eVTOL 已大规模走上"前台"，而 H2eVTOL 发展势头也很猛，具有续航里程长等优点，未来竞争的关键在于谁的成本最先控制下来，谁的安全性能更好，谁就能够占据市场主流。美国硅谷低空飞行器龙头企业 Joby 对外发布，其研发的 H2eVTOL 已成功实现 523 英里（841 千米）的试飞纪录。

客观地说，eVTOL、H2eVTOL 也是无人机，只不过是载人的无人机。eVTOL、H2eVTOL 既有直升机的优势，也有无人机的优势。从某种程度上说，eVTOL、H2eVTOL 不是一个完全创新的交通工具。我们讲创新，并不是指每项技术都必须是颠覆性的创新，可能千万分之一甚至亿分之一的创新才具有颠覆性创新的基础。集成创新也是创新的重要一环。eVTOL、H2eVTOL 赶上了低空经济这么好的时机，是幸运的。要是十年前，我们刚开始搞通用航空的时候,可能很多人还瞧不起这些垂直起降的飞行器,在飞机、直升机这些传统的飞行器眼里,这些 eVTOL、H2eVTOL 可能算是小玩意。哪里知道,时来运转,eVTOL、H2eVTOL 今天成了"香饽饽"。

H2eVTOL,是在 eVTOL 前面加上(H2),这是指利用氢燃料电池作为动力。氢是一种无色、无味、无嗅的气体,具有很高的能量密度和多种优势。而氢燃料电池在产生能量时只产生水,不会产生温室气体或其他污染物,可以帮助航空系统实现脱碳。氢电技术虽然不如锂电技术成熟,但有望克服 eVTOL 行业的致命弱点:航程限制和续航不足。

氢燃料电池是将氢气和氧气的化学能直接转换成电能的发电装置。其基本原理是电解水的逆反应,把氢和氧分别供给阳极和阴极,氢通过阳极向外扩散和电解质发生反应后,放出电子通过外部的负载到达阴极。氢燃料电池一是无污染,二是噪声极低,大约只有 55dB,相当于人们正常说话的水平。这使得燃料电池适合于室内安装,或是在室外对噪声有限制的地方。

氢燃料电池作为一种发电装置,不像一般非充电电池一样用完就丢弃,也不像充电电池一样用完须继续充电,燃料电池是继续添加燃料以维持其电力,所需的燃料是"氢"。

波音公司于 2008 年 2 月至 3 月,前后 3 次在西班牙奥卡尼亚镇成功试飞氢燃料电池飞机。小型飞机起飞及爬升过程中使用传统电池与氢燃料电池提供的混合电力,爬升至海拔 1000 米巡航高度后,飞机切断传统电池电源,只靠氢燃料电池提供动力。飞机在 1000 米高空飞行了约 20 分钟,时速约 100 千米。这一技术对波音公司意义重大,也让航空工业的未来充满"绿色希望"。

2021年,来自美国旧金山湾区的eVTOL巨头企业Joby Aviation收购了德国氢燃料公司H2FLY,该公司成立于2014年,旨在开发零排放氢燃料电池系统。2023年9月,H2FLY完成了世界上首次由液氢驱动的电动飞机载人飞行,标志着未来中程和长途商业飞行可望实现零排放。H2FLY公司与其他氢能载人飞机不同,HY4验证机采用的是低温储存的液态氢,动力系统由储氢装置、120千瓦燃料电池能量转换器和电动机组成。储氢装置位于两个机身内,采用了低温(约-253℃)液态氢作为燃料。燃料电池能量转换器将液态氢与空气中的氧进行反应,产生电能和水蒸气,电能驱动电动机带动螺旋桨进行推进。这一技术显著降低了氢能储存的重量和体积,使飞行器的最大航程增加了一倍——将HY4验证飞机的最大航程从750千米增加到了1500千米。

2024年5月,在成功完成超过25000英里的飞行后,Joby将飞行器改装成氢电混动技术试验机。这一次的氢电混动技术试验机采用与Joby的核心电池电动飞机相同的机身和整体架构,包括使用六个电力推进装置为飞机的每个倾斜螺旋桨,以及统一的飞行控制系统提供动力。不同之处是,该试验机配备了由Joby设计和制造的液氢燃料箱,可储存多达40千克的液氢,以及减少了质量的电池。Joby首席执行官JoeBen Bevirt表示,在电池电动飞机上完成的绝大多数设计、测试和认证工作都将延续到氢电飞行的商业化,计划最早在2025年开始商业运营。

将氢燃料电池应用在汽车领域,已经有很多成熟的案例。氢能汽车是以氢为燃料的汽车。丰田汽车自1992年开始开发氢燃料电池,不断拓展对该技术的认识,并推动其在各种不同领域的应用。其中包括对氢动力VDL卡车进行为期五年的试验,以降低丰田物流业务的碳排放,并刺激了整个欧洲可持续氢基础设施的进一步发展。丰田汽车负责人表示,一直没有停止对氢燃料发动机的研究。从2016年起,丰田汽车就已经开始针对Bi-Fuel

（双燃料可自由切换式发动机）模式的状态进行研究。氢气燃烧速度比汽油快，所以瞬间爆发力更好。

2023 年 5 月《广东省全面推行清洁生产实施方案（2023—2025 年）》发布，提出有序发展氢燃料电池汽车，稳步推动电力、氢燃料车辆对燃油商用、专用等车辆的替代；推动氢燃料电池汽车的示范运用，加快高速公路服务区、港区、公交场站等建设加氢、充电站（桩），全面推进港口船舶岸电使用。2023 年，我国氢燃料电池汽车产销量分别达到 5600 辆和 5800 辆，分别同比增长 55.3%和 72.0%，产销量均保持高速增长。同时，近些年我国建成加氢站数量已经跃居世界第一。

2023 年 10 月 10 日，工业和信息化部、科学技术部、财政部、中国民用航空局联合印发《绿色航空制造业发展纲要（2023—2035 年）》。其中提出，积极布局氢能航空关键技术研发，加快储氢装置、动力装置等关键核心技术攻关，开展适用于氢能源飞机的新型结构布局技术研究。推进氢燃料电池与氢内燃机、氢涡轮、氢涡轮混合动力飞机理论研究与技术验证，打通与氢能源产业上下游协同创新的技术应用模式。围绕氢能航空未来发展趋势，探索商业化氢能源飞机运营体系新模式。积极探索 LNG 等其他能源在航空领域的应用方法和路径。

飞行汽车

客观地说，飞行汽车和 eVTOL 完全不是一回事。刚开始，我也以为 eVTOL 就是飞行汽车，飞行汽车就是 eVTOL。当然，也有很多人认为，eVTOL 与飞行汽车虽然不是一码事，但可以看作是飞行汽车。在我们的认知世界里，飞行汽车必须具备两个特点：首先是一辆汽车，随时可以在地面上跑；其次具有飞行的功能，飞行是指可以连续飞行，而不是飞个几十米、几百米，特别是堵车的时候，可以立刻飞起来，就好比科幻电影里面的一样炫酷。既是汽车，又是飞行器，才是飞行汽车的本来面目。

按理说，飞行汽车的确是个很好的交通工具。我国作为汽车大国，最头痛的问题就是堵车，堵得人心慌，完全没有脾气。如果能够飞起来，跳过拥堵路段，那也值得。不过既然可以飞起来，那绝对是在空中飞直线，更快捷，距离更近，又何须在地面上跑呢？当然，既能够空中飞，又能够地面上跑，各有各的乐趣，多功能的交通工具自然会受到欢迎。

虽然看起来这个实现难度的确有点高，但是细想起来也不难。最近，市面上的确诞生了好几款飞行汽车，既有国外的，也有国内的；既可以空中飞行，又可以在地面上跑，真的是满足了我们对飞行汽车的定义。

目前，这样的汽车一款是汽车顶上"背"一架类似 eVTOL 的飞行器或无人机，实际上是汽车+飞行器，是分开组合而成的。当汽车行驶到某个地方，需要飞行的时候，eVTOL 或无人机就开始起飞；eVTOL 是载人的，无人机是载物的，或者只是用来拍摄等用途；也有将类似 eVTOL 或无人机的飞行器放在汽车的拖箱或类似 SUV 车辆上。还有另外一款是真正的飞行汽车，旋翼和汽车完全融为一体，旋翼转动起来以后，汽车就可以飞起来。当回到地面上的时候，旋翼自动收缩，变成一部很酷的汽车。

早在 2010 年 7 月，美国 terrafugia 公司制造的飞行汽车，就被美国航空主管部门允许投入商业性生产。

2018 年 3 月，荷兰公司 PAL-V 推出了其最终量产版飞行汽车，并开始在其公司网站上接受预订，在 2019 年上市，售价约 60 万美元。

2022 年 5 月，美国联邦航空管理局（FAA）向飞行汽车公司 Joby Aviation 颁发了 135 部航空承运人证书，出租车服务从地上飞向城市上空，第一次正式得到许可，也意味着飞行汽车设想的商业模式和低空路权，首次得到了明确。

2022 年 7 月，CHODAI 在广岛县福山市的濑户内海沿岸实施了飞行汽车的飞行实验，以海水浴场为起降场地，在海面上 30 米高度以时速约 30 千米飞行了 600 米左右。目标是实现向离岛移动及在游览飞行中实现商用化，已确认了运行时的安全性等。

2024 年 3 月，日本铃木汽车宣布，开始与 SkyDrive 公司制造"飞行汽车"，将在 2025 年大阪世博会上使用，并最终向公众出售。

2024 年 3 月，小鹏汇天"陆地航母"飞行汽车的飞行体（代号：X3-F）型号合格证（TC）申请，正式获中国民用航空中南地区管理局受理，标志着该型号即将进入适航审定阶段。

2023 年 6 月 26 日，广汽 GOVE 多旋翼构型飞行汽车成功实现首飞。该公司负责人表示，该公司早在 2021 年就开始布局飞行汽车自主研发，并攻克了飞行汽车安全、动力、轻量化三大领域多项关键核心技术。广汽 GOVE 是行业首创陆空两栖构型，具备纯电飞行、分布驱动、垂直起降、空地结合等特点。目前正在进行工程落地，适时启动适航相关工作。与此同时，广汽 GOVE 复合翼构型飞行汽车也在推进研发中，可满足类似粤港澳大湾区 150 千米城际出行的需求。关于飞行汽车的优势，该负责人认为，与汽车相比，飞行汽车具有高效便捷、零碳排放、舒适私密等特点；与直升机相比，飞行汽车具有明显的安全环保、低成本、低噪声等优势；与传统的飞行器相比，由于分布式电驱动技术应用使飞行汽车具有垂直起降特点，不依赖跑道，大大降低了停机坪等基础设施的占地面积，这极大地拓展了其应用场景。

有观点认为，飞行汽车具有电动、垂直起降、智能推进三大特征，是大汽车和大航空的交叉产物，也是汽车电动化、网联化、智能化、共享化发展的延伸和结果。当前飞行汽车分为 eVTOL（电动垂直起降飞行器）和陆空两栖飞行汽车两种发展形态。

看来，飞行汽车和 eVTOL 一样疯狂，仅仅听到飞行汽车这几个字就已经让很多人瞪大了眼睛，有足够吸引力。现在还根本看不出究竟哪一款飞行汽车能够最终得到普及，也很难判定哪款飞行汽车实用性大于象征性。早在二十年前，美国就有了飞行汽车，但至今也没有得到推广普及。

如果只是简单的汽车+飞行器，或许缺乏足够的想象空间。不过，无论飞行汽车采取分离式，还是融合式，都需要解决功能性、实用性、安全性等需求，都需要测算成本。若没有成本比较，在优势并不绝对突出的情况下，那只是极少部分人的玩具。要竞争就需要考虑成本，考虑市场，考虑应用场景。

毕竟低空飞行才刚刚开始，低空经济还处于起步期，我们鼓励百花齐放，百家争鸣，在广泛的实践应用中提高认知，拓宽视野。无论 eVTOL、H2eVTOL、飞行汽车，还是其他更先进、更时尚的飞行产品，我们都应该包容，鼓励创新，准许试错，至少现阶段还根本无法判定谁才是未来低空交通的主流工具。

直升机

直升机是一种非常方便，也非常成熟的飞行器，其垂直起降、瞬间输出的功率非常大。大多数环境都可以满足其起飞和降落要求。其飞行高度一般在 1000 米左右，也有高达四五千米的；飞行距离一般在五六百千米左右。

全球第一架直升机是由法国工程师保罗·科尔尼在 1907 年设计的。这架直升机被称为"科尔尼直升机"，它在 1907 年 11 月 13 日试飞成功，飞到了 0.3 米的"高空"并停留了 20 秒。但是这架直升机续航时间很短，未能真正投入商业化运营。尽管科尔尼的直升机在操控上并不是很有效，但它成功地实现了自由飞行，没有地面人员帮助保持稳定，因此被认为是世界上第一架真正意义上的直升机。1939 年，美国工程师伊戈尔·西科斯基设计的 VS-300 直升机被认为是第一架实用型直升机，可以商业化运行。

但是，直升机为什么不能大范围普及？主要是直升机的噪声比较大，成本比较高。如果一个小区或者一个区域，每天有几十架直升机常态化飞行，不说每天几百次、上千次往返，就是十次、二十次，恐怕周边的老百姓都要投诉了，严重影响正常生活。对于直升机起飞时的噪声，其分贝数高达 100~120 分贝，远远超过 60 分贝的最高值。而 eVTOL 的噪声一般可以控制在 30~40 分贝，相当于室内说话的声音。

世界上最小的直升机是日本研制的一种单人超小型直升机。该直升机安装有一台 37 千瓦的强制冷发动机，主旋翼直径约 6 米，自重仅为 115 千克。世界上最大的直升机是苏联于 20 世纪 60 年代研制生产的米-12 "信鸽"重型运输直升机。该机最大起飞重量为 105 吨，主旋翼直径为 35 米，机身长达 37 米，货舱长 28 米，可运送中型坦克和火炮，安装有 4 台 4.78 兆瓦的发动机，载重 40 吨。

速度最快的直升机速度高达 463 千米/小时。飞得最高的直升机是法国的 SA-3158 型"美洲驼"直升机。1972 年 6 月 21 日，飞行员吉恩·鲍莱特驾驶"美洲驼"直升机，创造了飞行高度达 1.2 万米的世界纪录，达到了民航的飞行高度。飞得最远的直升机是美国的 OH-6 直升机，创造了直线航程 3561 千米的世界纪录。

进入 20 世纪 50 年代，美国各大城市空中交通逐渐成形，直升机成为城市空中交通的主要载体。1967 年，纽约的直升机运营量甚至达到了 120 万人次；到了 80 年代，载人运货的直升机空中巴士已成为多数城市的标配；进入 90 年代，融合了直升机与固定飞机特点的倾转翼直升机，受到美国政府青睐。联邦航空局发布了一份垂直起降通告，鼓励将倾转翼直升机用于通航领域。之后，许多城市开始建设综合型直升机场，以支持这种新型飞行器的运营。

20 世纪 40 年代至 50 年代中期是实用型直升机发展的第一阶段，这一时期的典型机种有：美国的 S-51、S-55/H-19、贝尔 47，苏联的米-4、卡-18，英国的布里斯托尔-171，捷克的 HC-2 等。这一时期的直升机可称为第一代直升机。

贝尔 47 是美国贝尔直升机公司研制的单发轻型直升机，研制工作开始于 1941 年，试验机贝尔 30 于 1943 年开始飞行，1945 年改名为贝尔 47，1946 年 3 月 8 日获得美国民用航空署（CAA）的适航证，这是世界上第一架取得适航证的民用直升机。该机是单旋翼带尾桨式布局、两叶桨叶的跷跷板式旋翼。旋翼下面有稳定杆，与桨叶呈直角。

20 世纪 50 年代中期至 60 年代末是实用型直升机发展的第二阶段。这个阶段的典型机种有：美国的 S-61、贝尔 209/AH-1、贝尔 204/UH-1，苏联的米-6、米-8、米-24，法国的 SA321"超黄蜂"等。这个时期开始出现专用武装直升机，如 AH-1 和米-24。这些直升机称为第二代直升机。

20世纪70年代至80年代是直升机发展的第三阶段，典型机种有：美国的S-70/UH-60"黑鹰"、S-76、AH-64"阿帕奇"，苏联的卡-50、米-28，法国的SA365"海豚"，意大利的A129"猫鼬"等。在这一阶段，出现了专门的民用直升机。为了深入研究直升机的气动力学和其他问题，这时也设计制造了专用的直升机研究机（如S-72和贝尔533）。

20世纪90年代是直升机发展的第四阶段，出现了目视、声学、红外及雷达综合隐身设计的武装侦察直升机。典型机种有：美国的RAH-66和S-92，国际合作的"虎"、NH90和EH101等。这个阶段的直升机具有以下特点：采用第3代涡轴发动机，这种发动机虽然仍采用自由涡轴结构，但采用了先进的发动机全权数字控制系统及自动监控系统，并与机载计算机管理系统集成在一起，有了显著的技术进步和综合特性。第3代涡轴发动机的耗油率仅为0.28千克/（千瓦·小时），低于活塞式发动机的耗油率。

通用飞机

通用飞机是指通用航空飞行器，是除民航业务（客运、货运）外的其他民用航空活动的所有飞机的总称，主要包括私人飞机、公务包机和特殊用途的飞机，也包括新型的飞行汽车和eVTOL、H2eVTOL。

通用飞机是全部飞机类型中数量最多、型号最多的机种，包括小型飞机、直升飞机等。通用飞机一般航程都在200千米以上（而飞行汽车、eVTOL等新型低空飞行器的航程大都在200千米左右），飞行高度都在3000米上下，其业务与民航没有冲突。

通用飞机的用途广泛，包括私人旅行、私人商务、休闲观光、空中巡逻、空中救助、小型专线货运、资源勘测、农林防护、飞行员培训、公司通勤等方面。按用途可划分为：运动飞机、公务机、农林飞机和多用途飞机；按飞机类型可划分为：固定翼飞机、喷气飞机、旋翼飞机（倾转旋翼机）；按驾驶员技术要求可划分为：私人飞机、公务机、行政、通用及其他飞机。

我国的通用飞机主要集中在中国航空工业集团，生产企业包括中航通用飞机有限责任公司、中航通飞华北飞机工业有限公司、石家庄飞机工业有限责任公司等。除此之外，还有中电科芜湖钻石飞机制造有限公司等通用航空企业生产的 2 人座、4 人座、6 人座的小型飞机和轻型教练飞机。

我国的通用飞机制造商主要是中国航空工业集团旗下的中航通用飞机有限责任公司（以下简称中航通飞），其专注于通用飞机研发制造、运营服务等领域，是国内最大的以通用飞机研发制造、运营服务为主业的多元化国有企业，总部位于珠海，并全资控股美国西锐飞机工业公司。

中航通飞拥有华北飞机工业有限公司，专注于通用飞机研发制造，拥有丰富的通用飞机研发、制造、适航、维修的经验和能力，主要航空产品包括运五/运五 B 系列飞机、小鹰 500 轻型飞机、海鸥 300 水陆两栖飞机等。石家庄飞机工业有限责任公司是中航通飞旗下的主机生产企业，具备通用飞机的研发制造、通用航空运营、航空器维修等综合能力，主要产品包括运五 B 系列飞机、小鹰 500 飞机、蜻蜓系列超轻型飞机、海鸥 300 水陆两栖飞机等。

2024 年 6 月 12 日，由中国航空工业集团自主研发的 HH-100 航空商用无人运输系统验证机平稳降落在蓝田通用机场，标志着 HH-100 航空商用无人运输机首飞成功。HH-100 航空商用无人运输系统由无人飞行器平台和指挥控制系统（地面站）组成。飞机货舱容积 4 立方米，最大起飞重量 2000 千克，商载 700 千克，满载航程 520 千米，最大巡航速度 300 千米/小时，最大使用高度 5000 米。主要应用场景为支线物流，可扩展森林草原灭火、救援物资投送、应急中继通信、人工影响天气等应用场景。

中国航空工业集团研制的 AG600 水陆两栖飞机，也被称为"大型灭火/水上救援水陆两栖飞机 AG600"，是为满足森林灭火和水上救援而研制的大型特种用途飞机。2016 年 7 月 23 日 AG600 水上飞机在珠海总装下线，2017 年 12 月 24 日首飞成功，2024 年 4 月 24 日"鲲龙"AG600 在荆门漳河机场完成了着水救援、空投救援、水上救援演示验证，试验过程中飞机与水面救援力量配合良好，救援实施过程流畅，AG600 已初步完成水上救援模式验证。2024 年 5 月 13 日，AG600 完成两项高风险试飞科目。2024 年 7 月 16 日，"鲲龙"AG600 在南昌成功完成高温高湿飞行试验。2024 年 7 月 23 日，大型灭火/水上救援水陆两栖飞机"鲲龙"AG600 获签首个型号检查核准书（TIA）。据悉，该飞机已开始小批量生产。

大型民用飞机的主力军在中国航空工业集团，有大型无人机、水陆两栖飞机，还有载人的通用飞机、直升机等。除此之外，我国具有自主知识产权的通用航空生产企业还有中电科芜湖钻石飞机制造有限公司、万丰航空工业有限公司、山河星航实业股份有限公司等，主要生产有人驾驶、能够乘坐 2~6 人的小型飞机。

中电科芜湖钻石飞机制造有限公司（以下简称电科钻石）成立于 2013 年 12 月，由中国电子科技集团和芜湖市政府共同投资组建，主要从事通用飞机（含特种飞机）、复合材料及科研试飞等业务。电科钻石一直聚焦自主创新，在航空器研发、生产制造、飞行试验、适航取证、维修保障及航空应急装备研制等领域具备较强核心竞争力，累计交付飞机 100 多架，连续四年细分市场交付量第一。同时，电科钻石是国内唯一通用飞机类国家地方联合工程研究中心，国内首家"国外型号合格证（TC）"+"中国生产许可证（PC）"航空器制造企业，国内首个双发全复材通用飞机取证单位，已形成集研发设计、生产制造及通航运营等于一体的完整的通用航空产业链，是国内通用航空的知名企业。

山河星航实业股份有限公司（原湖南山河科技股份有限公司）是由中南大学机电学科带头人何清华教授创办的一家产、学、研相结合的高科技股份制民营企业，从 2002 年开始涉足通用航空领域，专业从事载人轻型飞机和无人机的研发、制造、销售及通航运营。该公司拥有中国民用航空局（CAAC）颁发的飞机型号合格证 TC、生产许可证 PC、美国 FAA 颁发的 LSA 适航认证、无人机驾驶员培训资质及 AS9100D 国际航空航天质量体系认证，是国内少有的全部拥有上述民航行业资质的高新技术民营企业，在载人轻型飞机及无人机领域填补了多项国内空白。在全复合材料载人轻型飞机领域，其开发了我国第一款取得民航适航认证的轻型运动飞机，具备高原起降能力、自动驾驶能力，并成功取得美国 FAA 适航认证。该机型已累计交付 200 余架，成为我国通用航空领域的明星机型，成功打败"洋品牌"。在无人机领域，其开发了山河"飞玥""云翼""雷霆"及无人阿若拉等系列产品，已批量应用于物资输送、应急救援、遥感遥测等领域。目前，该公司还同时在推进载重超 3 吨的多用途轻型运输飞机、作业高度达 200 米的系留式高层建筑消防无人机、纯电动垂直起降航空器等多个重点项目。

万丰航空工业有限公司是万丰集团全资控股的专注于通用航空产业的投资公司，是对通用航空产业各领域（包括飞机制造、机场管理、通航运营、航校培训、低空保障等）进行投资的平台，收购了加拿大钻石飞机工业公司。

根据中国民用航空局飞标司发布的《2023 年通用和小型运输运行概况》显示，截至 2023 年 12 月 31 日，我国有 396 家实际在运行的通用及小型运输航空公司（比 2022 年运营概况的 399 家减少了 3 家），从业飞行人员 3980 名，航空器总数 2141 架（比 2022 年运行概况的 2234 架减少了 93 架）。

2024 年 3 月，工业和信息化部等四部门联合印发了《通用航空装备创新应用实施方案（2024—2030 年）》，在通用航空产业链上，我国将打造 10 家以上具有生态主导力的通用航空产业链龙头企业。到 2030 年，以高端化、智能化、绿色化为特征的通用航空产业发展新模式基本建立，形成"短途运输+电动垂直起降"客运网络、"干—支—末"无人机配送网络。到 2030 年，我国通用航空装备全面融入人民生产生活各领域，成为低空经济增长的强大推动力，形成通用航空产业万亿级市场规模。

空中飞行器能否最终得到大范围普及，最终取决于以下几点：一是安全性，二是便利性，三是价格。至于舒适性可能是另外一个话题。飞行器就好比汽车，如果某个品牌或某个系列的汽车经常出现安全事故，存在安全缺陷，恐怕厂家自己也不敢投向市场。

直升机其实是最简单、最成熟、使用范围最广的飞行工具，但是为什么一直难以推广？一方面是因为噪声太大，超过了人们正常可以接受的程度；另一方面还是安全问题。今天与业内朋友交流，他告诉我直升机的安全性一直是个问题，eVTOL 是多旋翼，某一个、两个旋翼出现问题，都不会引起安全事故，而且 eVTOL 还有降落伞保护。在很多飞行器出现某个方面故障的时候，都会有第二、第三套解决方案，乃至多种备选方案。听说直升机是没有的。

其实，直升机诞生这么久，技术也是非常成熟的，但是这些问题客观存在，为什么不能采取多旋翼来降低风险？为什么不能设计多种安全选项，提升安全等级呢？可能这个问题比较专业，最好交给专业的人士去分析和解答，我们只是从低空经济相关的角度去探索。

CHAPTER 5
第五章

有哪些核心零部件及配套产业

无论民航高空，还是通用航空，乃至我们今天讨论的低空，既有传统成熟的燃油发动机，又有混合动力、纯电动、氢动力、生物质能、太阳能作为动力。传统的民航飞机、通用飞机，以及燃油飞机、混合动力飞机、纯电动垂直起降飞行器，都是航空器的主流。传统飞行器自然需要航空发动机作为核心零部件。目前重点推进的新型低空飞行器则以电池为主。

电池与储能

2024 年，英国《经济学人》杂志刊登了一篇文章，深入分析了我国低空经济为何异军突起，也就是说为什么我国突然间要搞低空经济，而且力度非常大，超过他们的想象。他们的结论很简单，因为中国这些年在电动汽车领域实现了超越，特别是储能技术有了重大突破。那么，既然电动汽车都能够超越传统汽车，电池技术突破了，把过去成熟的直升机、无人机换成噪声更小的电池，飞行汽车和 eVTOL 不就诞生了吗？

现在看来，飞行汽车和 eVTOL 最核心的技术的确不是飞行系统和控制系统，民航发展这么多年，这些技术已经非常成熟了，载重量上千吨的大飞机都能在高空翱翔自如，几百千克重的飞行器有点"小儿科"的味道。低空飞行不可能是大飞机，能够搭乘几个人的小飞机市场前景最为广阔。由于低空，飞行器场地受到很大限制，直升机的噪声太大，成本太高，无法大面积普及。垂直起降成为大家关注的焦点，电池密度突破以后，续航能力将显著增强。

在 2023 年 4 月的上海车展上，宁德时代发布了旗下最前沿的电池技术——凝聚态电池。5 月 22 日，宁德时代董事长曾毓群表示，在电动飞机领域，宁德时代正在进行合作开发，从小飞机开始尝试，从 1000 千克的飞机一直到 8800 千克的飞机。目前正在试飞 4000 千克的飞机。达到商用程度需要 8000 千克以上的飞机，预计在 2027—2028 年推出商用。

从汽车电池转向航空电池，或许是低空飞行器成熟的标志之一。宁德时代已经在进行民用电动载人飞机项目的合作开发，执行航空级的标准与测试，满足航空级的安全与质量要求。

宁德时代凝聚态电池的能量密度提升到 500 瓦时/千克，这不仅意味着在目前电动汽车动力电池领域 250 瓦时/千克水平的基础上提升了 1 倍，更意味着它满足了支线客机的能量密度要求，对于 600~1200 千米航程的航空用途来说，电动化成为可能。

2023 年 7 月 19 日，由宁德时代、中国商飞、上海交大共同持股的商飞时代（上海）航空有限公司正式成立，意味着宁德时代全面参与飞机制造领域。

看好低空经济、布局航空电池的企业还有很多。2023 年 5 月，正力新能发布的新产品中包括正力航空电池，其能量密度达到 320 瓦时/千克，可以满足在 20%电池荷电状态下，12C 的大倍率放电性能；在快充方面，可在 15 分钟内充电至 80%；在安全方面，实现了 ppb 级航空安全标准。

2023 年 11 月，德赛电池获得 AS9100D 航空航天质量管理体系认证证书，范围为可充电电池的制造。

2023 年 12 月，国轩高科与亿航智能建立了合作，共同开发针对 eVTOL 产品的动力电芯解决方案。巨湾技研也宣布，与亿航智能达成战略合作，共同研发全球首款 eVTOL 航空器超快充/极充电池方案，并开展超充桩、超充站等基础设施共建。目前，巨湾技研开发出的低空飞行器超快充电池使用三元高性能材料，系统能量密度比普通飞行器电池高出了 25%，循环使用寿命超过 2000 次，充电 30%~80% 仅需 5~10 分钟，同时能够达到航空级标准。

2024 年 4 月，亿纬锂能在第一季度业绩说明会上表示，公司在 eVTOL 电池领域布局较早，已配合国外某企业进行了三年研究工作，目前已经交付了 A 样产品，并正协助客户获取相关航空体系的认证。公司也已向其他国际客户进行送样。

2024 年 5 月，孚能科技表示，公司在载人飞行领域已取得上海时的科技有限公司的定点，在 eVTOL 市场已与海外头部企业深入合作并交付了产品。欣旺达也表示，公司的电池可应用于飞行汽车，公司具备研发、生产飞行汽车电池的能力。

电池和储能问题解决了，其他的就可以通过集成来解决。这句话看起来有点外行，却也话丑理端。新崛起的造车新势力，有几个是传统造车的？一个都不是，要是的话，几乎每个行业都难以革自己的命。

一个行业发展到一定的阶段就需要一次大的调整，每一次调整其实都是利益的重新分配，格局被打破，自然就会动传统势力的奶酪。马斯克不是造车的，特斯拉却带动了纯电动汽车产业异军突起，推动了汽车产业的深刻变革。

本来低空经济让那些做民航大飞机、公务机的企业来做，是非常简单的事情。造大飞机都可以，造小飞机更简单，但是他们都不愿意做，小飞机在他们心中就是小玩意，自然赚不了几个钱。那就只有外来者来做了。比亚迪过去是做手机电池的，后来逐步发现做汽车挺有意思，于是主业逐步转向汽车，后来把电池与汽车结合起来，就成了今天的电动汽车大王。

每个人的人生路都要靠自己一步一步走出来，走的过程中，有些人的命运就开始发生改变。当抵达聚光灯下的时候，已经完成了蜕变。马斯克过去既不是造汽车的，也不是造火箭的，后来干的事情一件比一件厉害，都是轰动世界的，而且一件一件事情都能干成功，真的了不起。

设施网、空联网、航路网、服务网"四网"合一

民航空域需要空管系统即通信、导航、监视与空中交通管理系统，包括空中交通管理（Air Traffic Management，ATM）系统、通信（Communication）系统、导航（Navigation）系统、监视（Surveillance）系统等。通信导航和监视（Communication, Navigation, Surveillance, CNS）系统由三大基础要素组成，即通信、导航及监视系统。低空空域也离不开这几大系统的支撑。哪怕是一架消费级无人机，也需要信号接收、航线规划、安全保障、服务站等配套服务。

空中交通管理系统是空管工作人员用来实际操作和管理飞行交通的信息处理平台。基于 CNS 系统提供的数据基础，ATM 系统构建信息综合处理平台，为航行过程中的飞行器提供整合后信息，制定流量控制措施，并规划分配方案。完整的 ATM 系统由三大部分组成：空中交通服务、空中交通流量管理和空域管理，共同协调和管理空中交通，有效维护空中交通秩序，促进空中交通安全，保障空中交通畅通。

2024 年 6 月 20 日，成都市低空交通管理平台上线。作为低空空域的"智慧大脑"，它不仅为飞行提供了必不可少的运行保障工作，还将在未来持续为成都构建低空飞行管理服务体系，守牢低空飞行安全底线，培育常态化、规模化运营场景。按照政府主导、市场化运营、平台公司管理的

思路，组建了成都低空飞行服务有限责任公司，负责全市低空交通管理服务平台建设、运维及全市域低空飞行服务工作，并承担相关基础设施建设及低空飞行衍生服务等。

2024 年 6 月 30 日，珠海市低空空中交通管理服务平台上线。该平台系统融合珠海城市底图数据、空域规划数据、气象数据等，将实现低空经济领域设施网、空联网、航路网、服务网"四网"合一，并与国家管理平台互联互通，为海陆空无人设备提供市场运行安全保障，实现对低空飞行活动的一网规划、一网审批、一网监测、一网服务，为行业发展提供更多应用场景、为产业链上下游企业创造更多发展空间、为城市智能化管理提供更多数据支撑，构建珠海天空之城数字底座。

很多城市大都在抓紧布局空域指挥平台，有了这个平台才能拓展应用场景、确保飞行器安全有序飞起来，低空经济业态才能形成闭环。5G-A、雷达、通感一体等先进技术，可以实现监视、识别、报送和管控各类低空飞行器，实现全市低空空域和飞行器活动全周期管理。基于先进的大数据技术和人工智能技术，实施飞行计划管理、空域态势监控、飞行服务保障、数据分析与决策支持等，为低空飞行和空域管理提供数字化、智能化的全方位支撑；同时，面向若干飞行器企业和服务企业，为低空飞行用户提供飞行申报、飞行感知、飞控管理等服务，优化、简化低空飞行申报程序，鼓励社会企业依托平台打造各类商业化运营场景。但是 5G 技术应用于低空通信传输，航空界并不认可，他们认为民航领域一直使用的无线电技术才是最可靠的。

目前，国内提供地理信息服务的主要是两大阵营，一是武汉大学遥感信息工程学院（原武汉测量制图学院，后并入武汉大学），以 2024 年国家最高科技奖获得者、武汉大学遥感技术奠基人之一的李德仁院士、武汉大学遥感学院院长龚健雅院士等为核心代表；二是中国科学院系统，如地理科学与资源研究所、空天信息创新研究院（原来遥感所、电子所等机构合并而成），代表性的专家有很多，如丁赤飚院士、吴一戎院士、郭华东院士、周成虎院士等；还有北京大学遥感与地理信息系统研究所，以及从中国科学院地理科学与资源研究所、空天信息创新研究院、武汉大学遥感信息工程学院、北京大学遥感与地理信息系统研究所技术孵化出来的大量科技企业，基本上担负着我国数字地球、空天地一体化网络建设、低空交通平台等项目的开发与建设任务，如超图软件、中科星图、航天宏图、中科云图等明星企业。

吉奥时空就是由武汉大学遥感信息工程学院李德仁院士团队的研究成果转化而来的，其在国内率先推出的大型地理信息系统系列软件——吉奥之星（GeoStar），是我国最早的具有自主知识产权的 GIS 平台之一，曾先后两次获得国家科技进步奖、信息产业重大技术发明奖，是国家发展和改革委员会"国家高技术产业化示范工程"，并始终引领国内主流 GIS 平台发展方向。目前，吉奥产品走向了大融合、大集成，实现了面向服务的地理信息新框架。作为数字地球技术平台的主要研发者，通过采用新一代信息技术、地理信息技术和航空航天产业跨界融合的技术理念，综合利用大数据、人工智能、云计算和高性能计算、遥感、地理信息系统、卫星定位导航、虚拟现实等技术，形成了覆盖空天大数据的获取、处理、承载、可视化等数字地球主要技术领域。

中国科学院空天信息创新研究院是光电工程、航天航空和应用科技三个主要领域兼具总体管理与技术总体职能的研究单位，于 2019 年 4 月，在中国科学院电子学研究所、遥感与数字地球研究所、光电研究院的基础上整合组建而成。

北京超图软件股份有限公司（股票代码：300036）创始人也来自中国科学院地理科学与资源研究所，是聚焦地理信息软件（Geographic Information Software，GIS）和空间智能（Geospatial Intelligence，GI）领域的基础软件与应用软件厂商，是信息技术应用创新、时空大数据、人工智能、虚拟现实等领域的重要参与者。通过持续创新及独具特色的精益敏捷研发管理体系，在大数据、人工智能、新一代三维、分布式、跨平台等地理信息核心技术领域取得了显著优势，并构建了云边端一体化的GIS基础软件产品体系。目前，公司和很多城市合作，参与低空交通指挥平台的搭建。

中科星图股份有限公司（股票代码：688568）于2020年7月在科创板上市，是中国科学院空天信息创新研究院投资的国有控股高新技术企业，将大数据、云计算和人工智能等新一代信息技术、地理信息技术与航空航天产业深度融合，自主研发了覆盖空天大数据获取、处理、承载、可视化和应用等产业链环节的GEOVIS数字地球产品，面向政府、企业、特种领域及大众用户提供软件销售与数据服务、技术开发与服务、专用设备及系统集成等业务，促进了我国数字地球的产业化发展。公司积极探索北斗高分融合的产品形态和应用模式，面向特种领域、智慧政府、气象生态、航天测运控、企业能源等公司优势领域，重构形成了"1+1+1+N"的产品体系架构，覆盖一体化云及数据服务底座、基础平台、应用中台及行业应用系统等多个层次，进一步提高了GEOVIS数字地球产品体系的开放性和包容性。公司依托GEOVIS Online在线数字地球产品体系，形成了云上数据、云上计算和云上应用三大线上服务体系，实现了数字地球应用模式从传统的线下向线上的转型突破，进一步丰富了GEOVIS Earth数字地球产品服务体系，为数字地球产业生态的可持续发展及全新的数字地球应用生态建设奠定了良好的基础，为推动数字经济高质量发展持续赋能。

航天宏图信息技术股份有限公司（股票代码：688066）成立于2008年，是国内领先的卫星互联网企业，是科创板首批上市企业。公司研发了具有完全自主知识产权的遥感与地理信息一体化软件PIE（Pixel Information Expert），拥有国内首个遥感与地理信息云服务平台PIE-Engine，实现了遥感基础软件的国产化替代；规划了我国规模最大的多层次、多模式混合遥感卫星星座——"女娲星座"，业务能力向全卫星产业链拓展；构建了面向全国的无人机生产与服务体系，打造了"天空地"一体化服务能力。公司旨在为政府、企业、高校及其他有关部门提供基础软件产品、系统设计开发、遥感云服务等空间信息应用整体解决方案。

除此之外，还有很多科研机构和企业在数字地球、智慧城市、智慧交通等方面积淀了丰富的经验，现在都在转向低空经济。很多地方的低空交通网络平台、智慧服务平台，都有它们的身影。

低空网络、智慧系统和低空安全也是非常重要的一环。中交遥感天域科技江苏有限公司虽然在外界名气并不大，很多人都没有听说过，看名字还以为是中交集团的下属企业，其实该公司与中交集团没有任何关系。但是，在无人机安全控制领域，该公司却是行业龙头。经过了解得知，该公司专业从事无人机研发、信号侦测与管控研制、航空器飞行轨迹研究等十余年，是目前全国行业内唯一集研发、制造、应用、服务和标准制定于一体的全产业链综合型高新技术企业，是国内低空安全领域的龙头企业，同时也是国内少数拥有飞控开发能力的科技公司，机型涵盖多旋翼、固定翼，尤以"垂直起降特种机型"的飞控研发最为出色。该公司由中国科学院技术专家团队联合发起成立，技术实力雄厚，共申请知识产权300余项，产品销售相关资质齐备，为公安部三大列装配备文件推荐厂家，参与IEEE P1936.1《无人机应用标准》、IEEE P1937.1《无人机载荷设备接口标准》、IEEE P1939.1《无人机低空运行管理规范标准》、《无人机围栏》等大量国际级、国家级、行业级相关标准的起草和制定。该公司产品体系包括八大类和五十余小类，产品已完成国家级、公安部、国家安全防范、无线电管理监测、军民航空联合测试等，广泛应用于国内军民机场、军民安全要地、公安司法要地、水利设施、核电要地、电力电网、旅游景区等领域。

航空发动机正在加快升级

航空发动机是飞机的"心脏"，是一个国家航空工业是否成熟的主要标志之一。航空发动机是一种技术高度复杂和精密的热力机械，不仅是飞机飞行的动力，也是促进航空事业发展的重要推动力，人类航空史上的每一次重要变革都与航空发动机的技术进步密不可分。经过百余年的发展，航空发动机已经发展成为非常成熟的产品，推动世界航空工业不断进步。

航空发动机包括涡轮喷气发动机、涡轮风扇发动机、涡轮轴发动机、涡轮螺旋桨发动机、冲压式发动机和活塞式发动机等多种类型，不仅作为各类军民用飞机、无人机及巡航导弹的动力，而且利用航空发动机衍生发展的燃气轮机还被广泛用于地面发电、船用动力、移动电站、天然气和石油管线泵站等领域。进入 21 世纪，传统的航空发动机正在向齿轮传动发动机、变循环发动机、多电发动机、间冷回热发动机和开式转子发动机发展，非传统的脉冲爆震发动机、超燃冲压发动机、涡轮基组合发动机，以及太阳能动力和燃料电池动力等也在不断成熟。这些发动机的发展将使未来的航空器更快、更高、更远、更经济、更可靠，能够满足更加严格的环保要求，并将使高超声速航空器、跨大气层飞行器和可重复使用的天地往返运输成为现实。

虽然现在大力提倡纯电动垂直起降航空器（eVTOL）、氢能垂直起降航空器（H2eVTOL），以及太阳能、生物质能航空飞行器，但是传统的燃油飞行器并没走到尽头，应该不断优化和技术升级，提高汽油纯度，降低废气排放。燃油航空飞行器动力强劲，技术成熟，续航能力优势明显。所谓的纯电动，实际上是把一种能量转化为另外一种能量。可能只有氢能、太阳能等少数几种能源才是接近于零排放的能源。2022 年 11 月 29 日，劳斯莱斯公司表示，公司已经成功使用氢气启动了飞机发动机，这是世界航空领域的第一次尝试，预示着氢气可能是航空飞行脱碳的关键。

石油是各种烷烃、环烷烃、芳香烃的混合物。石油的成油机理有生物沉积变油和石化油两种观点，前者认为石油是古代海洋或湖泊中的生物经过漫长的演化形成，属于生物沉积变油；后者认为石油是由地壳内本身的碳生成，与生物无关。我比较赞成后者，石油是从有机物质中形成的，包括植物、动物和微生物残骸。在这些有机物质死亡之后，它们逐渐被埋在深层的沉积岩层中，受到地热和地压的作用，随着时间的推移，这些有机物质发生化学反应，最终形成了石油。石油的形成是一个漫长而复杂的过程，需要经历数百万年的地质过程和化学反应。

世界上任何事物的演变都在悄无声息地进行着，一刻也没有停息。地球上每天都在消耗大量的石油，同时也有大量的石油正在生成。物质之间是可以相互转化的。我们合理利用好石油，不断提高石油纯度以后，应用在汽车、飞机等交通工具上，对环境的影响应该是有限的、可控的。

CHAPTER 6
第六章

顶层设计

政府、企业在低空经济中的定位

我们有必要分清政府、企业在低空经济中的定位分工,以及各自该承担的责任。政府主管部门无疑是低空经济的规则制定者、引导者、主导者、统筹者、监督者,但是低空经济的主体一定是企业,而不是政府。企业才是市场竞争的主体,政府是裁判,是不下场的。下场的一定是企业。

天上飞什么,往哪儿飞,运什么?这是企业最关心的事情,这几件事情都解决了,低空经济生态链就基本形成了。前期的空域开放、线路规划、交通规则、信号接收、空中安全、空中指挥,这些共性的、原则性的问题交给政府。下一步,政府将会把这些管理和监督业务委托给独立第三方开展工作,向第三方采购服务,提高效率,减少行政开支。

难就难在起步初期,没有照搬的模式,没有可以借鉴的经验,职责不清。但是,只要一开始把定位分工搞清楚了,规则制定出来了,那就各司其职。政府主管部门做政府的事情,开放空域、规划航线、制定规则、完善基础设施、引导行业发展和监督执法;企业则从商业的角度,开发市场,掌握需求,建立供需关系,逐步形成低空商业和低空产业。

市场经济发展到今天,来之不易。党的二十届三中全会再提改革,令人鼓舞。我们要缩小与发达国家的差距,就是要减少管控,减少对市场的干预,减少对政府的依赖,大量放权给企业,放权给市场,这样才能让市场充满活力和生命力。

低空经济的活力来自市场,而不是来自管理,更不是来自政府。应该让市场去调节供需,发挥市场配置资源的能力。市场活跃了,经济就发展起来了。未来，我们的低空经济主管部门应把重心放在标准制定、严格执法方面。过去，我们车管所的车辆年审这些业务全是清一色的交警负责，为此交警这个部门非常庞大。这几年通过改革，将车辆年审、事故违章处理这些科技含量不高的业务全部委托给第三方，效率提高了很多，服务能力显著增强。

改革开放的力度还应该更大一些，从减少行政审批开始，进一步维护公开、公平、公正的市场环境，推动服务型政府建设。

低空经济要取得突破性进展，需要利用市场化手段去管理和约束，尽可能减少行政干预，避免"一管就死，一放就乱"。

据悉，中国民用航空局正在建立健全运输航空、传统通用航空、无人机等融合运行场景下各类飞行活动的安全运行规则、标准及相关监管政策，以规范市场秩序，壮大市场规模，构建良好的低空经济市场生态。

低空经济的顶层设计

国家这些年一直在推广无纸化办公和信息化工作流程，很多重要的文件资料都是通过内部网络第一时间传达给相关部门。应该说，我们国家的互联网信息化已经全面普及，机关干部已经全面掌握并适应了互联网办公模式。但是，去任何一个部门的办公室，还会发现办公桌上还是厚厚的一大堆文件。我一直在想，要是上级部门连续一个月、两个月不给下面发文件，会节约多少纸张，会给下面减少多少工作量，效率会提高多少。

多年来，我们已经习惯于看文件，要是进入某个新领域，没有看到上面的红头文件，心里总是觉得不够踏实。既然上面没有红头文件，说明这个行业还没引起足够重视。另外，既然有红头文件，多少总有一些配套政策出来。最直接的效果就是股市，只要文件一出来，股市就会涨，有时候一听到利好的风声，股市就提前"表现"一把，外行的还没搞明白是怎么回事，股市就涨过了，不明白诀窍的还在使劲往里面跟，最后却成了"割韭菜"的对象。

这就是典型的政策依赖症，这种现象必须改变。

2024 年可以说是名副其实的"低空经济年"。国外还没有低空经济这个说法，我们怎么这么快就达成共识了呢？我觉得还是市场的作用。市场配置需求，市场配置资源，这是市场经济最基本的规则。有时候太依赖政策，未必是好事。虽然我们还不习惯，但最终我们必须习惯。

量子技术、人工智能、3D 打印、机器人、大数据、商业航天、智慧城市……都是我们急需发展的科技，传统产业转型升级压力很大，新兴科技任重道远。有些文件重复发，每个阶段有每个阶段的侧重点。有时候我也在思考，我们不要责怪有些经济发达城市对新科技不敏感，为什么他们对人工智能不重视，为什么对元宇宙不重视，为什么对商业航天不重视？其实，每个地方都有每个地方的实际情况，未必每个科技都要去追。平均每两三年，全球就会迎来一轮新科技浪潮。他们每天都要接到上级部门下达的很多文件。有时候不敏感，不重视，有客观情况。要是每个地方都一窝蜂什么都去抓，可能就会形成"猴子掰苞谷"的结局。要有选择性地发展才行。很多新科技都需要至少三五年的持续性培育，不能一开始撒点"胡椒面"就算了。

2024 年低空经济为什么这样受欢迎？说明传统经济已经遇到瓶颈，我们必须转型升级，开辟新的赛道，拓展新的应用空间。为什么广东、江苏、浙江作为经济大省推动低空经济发展的力度这么大，因为广东、江苏、浙江总体来看还是传统经济大省，广东、江苏、浙江迫切需要改革，迫切需要推动新科技、新商业的发展，来调整产业结构，加快转型升级步伐。而低空经济几乎是唯一能够同时推动第一、二、三产业发展的领域，对产业的带动性、辐射性都特别明显。

尽管没有红头文件，地方积极性却很高。虽然过去没有"低空经济"这个提法，但是应用一直是客观存在的，无人机在农林植保、线路巡检等领域用得比较多。华北、东北都是一望无际的大平原，土地肥沃，老百姓好多年前就开始大面积使用无人机喷洒农药、巡田。很多人过去把无人机称为"机器人"，因为自动化程度比较高，能够代替人做很多工作，尽职尽责。今天，有了低空经济这一风口，各级政府抓紧在实践中摸索，不断总结和提炼，制定规则，以促使无人机、直升机、小型飞机和众多低空飞行器能够率先飞起来，用起来。

综合来看，低空经济发展相关配套政策必不可少：一是如何飞？空域开放到什么程度，哪些区域准许哪些飞行器飞行，飞行线路要清晰，要有简单的申请流程和飞行准则。二是飞什么？微型、轻型无人机飞行限制比较少，大中型无人机和直升机、飞行汽车、eVTOL这些是低空飞行的主流交通工具，要鼓励飞起来，无论是载人还是载物，一旦常态化地运行，市场起来了，低空经济就逐渐成熟。三是空中安全如何保障？政府需要规划建设若干飞行站、服务站，以及低空交通指挥平台、信号接收和信息处理平台等，确保每一架航空器都是实名注册的，都及时保持信号畅通，都能有序运行。四是试运行期间，对于起步期的运营企业来讲，投资压力很大，投入阶段回报低，政府要给予实时补贴，鼓励企业积极参与。在深圳、广州、成都、苏州、无锡、南京、珠海等地，外卖、快递、物流这些常态化的运行场景在初期都要确保得到政府相应的补贴。

政府和企业都是低空经济的重要推动者、实践者。

政府首先要做顶层设计，制定规则，做好基础设施建设和配套，这些投资不小，但最终形成的空域线路的所有权是政府的，由此产生的海量数据是政府的，有前瞻性的企业已经开始与政府探讨空域的数字资产、线路拍卖租赁等。就好比过去的高速收费公路，投入很大，为了吸引社会资本参与，大都采取出让一定年限的使用权和收益权的模式。今天的空域线路也是同样的道理，是有价码的。已经有企业和政府开始行动了，前期的基础设施建设和基站、服务站，包括低空交通指挥平台等，都交给企业来投资建设，交给政府管理，或者政府委托给企业运营管理。

低空经济能否成功，首先主要取决于政府的顶层设计和开放程度，其次关键在市场、在应用端，通过市场供需来培育经济生态。

发展低空经济要保持宽容

在全球，道路上每天都难免发生交通事故，原因层出不穷。主观的、客观的、意外的，什么情况都有。在空中也一样，空中交通事故时有发生，只不过大中型的空难事故越少越好，一般都能控制在几年乃至十多年才发生一起。现在科技越来越发达，人工智能与大数据等新技术融合，很多大中型的事故更能主动预防和控制。

比较小的空中交通事故在所难免，如轻型、微型无人机每天都有坠毁的，飞出去飞不回来的，有在空中相撞的，也有在空中与直升机撞毁的，有掉下来砸到汽车或掉进水塘的。对于这些小型、微型的或者没有造成人员伤害的事故，其实不足为奇。很多地方低空交通指挥系统和网络设施不健全，大量的空间不准飞行，哪怕小型的无人机也不准飞行。没有信号，没有航线，就是盲飞。有时候遇到信号干扰和阻击，无人机就有去无回；也有些无人机失去信号指挥以后，自然就掉下来了，至于掉在车上，还是路上，都很难说，主要是基础设施还没健全。同时，规则还不完善。

载人的航空器会不会出现事故，这个很难说，肯定会有，只是控制在相对比较低的范围内，尽一切努力控制就可以。但是，我们一定要注意，低空空域事故与民航空难事故不能画等号。如果用传统的交通安全责任事故标准来管理低空空域事故，恐怕大家都会心有余悸，宁愿放慢一点也不愿意冒风险。或许这也是过去这么多年，我们一直喊空域开放，但是行动缓慢，到今天也没完全放开的原因之一。十多年前，我们去国外，私人飞机只需要提前十多分钟申请航线就可以飞起来，起飞、降落都很方便，没有这么复杂。现在尽管国内各方面都已经做了很多努力，私人飞机还需要提前一天申请飞行航线，显然步伐还是太慢。

总结起来，一是职责不清，动辄问责，伤害太大。就像辛苦一辈子，被一个八竿子打不着的意外事故绊倒了，不值得。应该进一步规范权责，把意外事故和主观造成的责任事故进行严格区分，追究领导责任，不能无限追究。二是加快完善基础设施和配套设施。三是细化空中监管规则，严格落实航空飞行器实名注册制，对操作人员进行严格培训，要求持证上岗。四是低空飞行保险要跟上，第三者强制保险和飞行器保险等都要及时开发出来。五是保持宽容，不能因为某个地方"掉"了几架无人机，造成了事故，就马上关闭当地空域，甚至处理一大批人。六是低空空域安全事故应作为普通安全事故来处理，不应加码。

各项制度还不完善，配套设施和配套服务还没跟上，低空飞行器还未完全成熟，这些都是客观实际，发生各种意外在所难免，我们要用发展的眼光看问题。出现问题，立即解决问题，千万不要无底线追责，上纲上线。一切不规范，不完善，甚至看起来有点乱，都很正常，任何一项大的产业起步初期都是这样发展过来的。

低空经济应坚持在发展中完善，在完善中成长。

低空经济刚刚发展，部门之间职责不清，效率低下，最容易"扯皮"。应该尽量减少管理层级和精简管理部门，集中优化，把管理职责聚焦到某一个部门全面负责。

我国的低空经济已经有了一个非常好的起点和好的发展氛围，全国各地齐心协力，斗志昂扬，潜在的应用场景比比皆是。在我看来，只要坚定走下去，别松劲，再过三五年，我国就能提前进入低空经济时代，并向全球输出我们的低空经济模式。而由此带来的最大利好，便是低空经济带领我们成功实现全面经济转型升级。

CHAPTER 7
第七章

低空经济何处去

进入 2024 年 6 月以来,我发现基本上每隔一两天就会有一个地方对外发布低空经济政策,要是哪个城市迟迟没有发布,都觉得不习惯。现在,发展低空经济已经成为各级政府的自觉行动,不需要号召,不需要红头文件。而且各个城市都在相互赛跑,都竞相成立了低空经济专班,一般是常务副市长牵头担任专班班长。

广东、江苏、浙江等经济发达地区和四川、安徽等中西部地区早就行动起来,新疆、内蒙古这些地大物博、辖区面积辽阔的边疆地区也看到了商机。新疆生产建设兵团正在加快建设航空应急救援地面保障网络体系,在石河子大学第一附属医院等有条件的医疗机构开展航空医疗救护,在北疆的大型滑雪场设置直升机临时起降点,打造石河子市、阿拉尔市航空应急救援中心基地。同时,拓展无人机在森林草原防灭火、自然灾害普查、物资投送、疾控应急维护等领域的应用。加快推动无人机智慧化、精准化农林作业,推动 5G、北斗导航、遥感和物联网等技术应用,实现低空农业数字化管理体系,开展植保飞防、草原播种、森林害虫防治、微量元素喷施等业务,努力将新疆生产建设兵团打造成为全国低空智慧农林生产示范区。同时,将通航短途运输纳入新疆生产建设兵团综合交通运输体系。计划在疆内开通乌尔禾到喀纳斯、阿拉尔到图木舒克、阿拉尔到库车等航线;构建新疆和青海、西藏、甘肃、内蒙古的跨省短途运输网络;探索开展覆盖中亚五国的商旅包机、医疗转运等通航短途运输服务;加强通航企业与文旅企业合作,开展旅游专线旅游包机,发展城市重点景区的低空观光航线。

低空经济如火如荼地进行着,各种应用场景正在不同城市以各种不同方式推进。在物流、快递行业,顺丰、京东、美团、中国邮政、中国物流等行业巨头都在以不同形式参与;一些旅游景区也在通过与 eVTOL、直升机等龙头企业合作，开展空中游览项目；应急抢险等部门也开始与城市交通运输部门协调，集中规划布局各类服务站、飞行站、转运站，以及与医疗抢险、低空交通指挥平台联网运行，多网合一。最近两年主要还是完善各种基础服务设施和网络平台建设，各种应用场景也主要集中在物流快递等载物的领域，载人的各项业务大概还需要两三年时间的积累才会逐步推广开来。

也有悲观者，其中不乏资深人士和院士专家，他们最担心的是重走通用航空的老路；也有一些发达地区的政府按兵不动。要知道过去推广通用航空的时候，国家的政策没有少出，投入也不是小数，而且有顶层设计，有产业规划，先从基础设施入手，最终还是没有成功。在与他们的交流中，我发现他们的说法并没有错。我感觉低空经济与通用航空是有本质区别的，不应该当作一回事，但他们还在纠结究竟是一回事，还是两回事。

2024年，我在北京参加一个小范围的低空经济座谈会，与会嘉宾对低空经济缺乏信心的不是少数。30多个人里面就有超过10个人对低空经济缺乏信心，还都是院士专家和通航企业负责人。我也听到了大家从不同角度的解读，争论非常激烈。核心问题还是空中飞什么，如何飞，安全如何保障的问题。持保守意见的观点认为，缺乏顶层设计，导致各地政策五花八门。我觉得主要是缺乏沟通，这些问题都是发展过程中必然出现的，都不是问题。顶层设计没有出来并不是问题，先让各地根据实际往前推进，在推进的过程中发现共性问题，再解决问题，这是合理的。基础设施建设和配套服务，很多地方都已经开始了，只是需要一个过程。最为关键的是，我们能够在低空空域快速找到很多应用场景。市场需求客观存在，低空经济就有希望。

关于标准的问题，也是大家争论的焦点之一，究竟是先有标准，还是后有标准？各有各的道理。但是，大家还是觉得成熟的领域应该先有标准，未知的领域标准应该滞后。例如，低空空域管理、信号接收、空中安全、航线规则，这些在民航领域的标准早就有了，低空虽然不是万米高空，但是作为空中飞行器有很多共性，低空飞行器在空域飞行也会面临空域管理、安全、航线规划和信号接收等方面的问题，这些标准应该借鉴民航已有的标准，结合低空空域实际调整，制定一套适合低空飞行的标准。还有一些未知领域的问题，可以暂时搁置，现阶段不追求完美，在应用的过程中不断总结完善就可以。

争议的问题看起来非常重要，其实沟通清楚之后，大家都是能够理解的。关键是大家平常缺少坐下来交流的机会，很多问题难免会存在误区。院士、专家也好，企业家也好，不都是样样通，每个人都有知识盲区，也都有各自的强项。应在沟通中理解，在理解中互信。

低空经济和通用航空是什么关系？最近，新华社的记者反复问我这个问题。前面，我们从不同角度做了分析。按照我的理解，低空经济主要是千米以下空域形成的常规化的经济业态；通用航空则是 3000 米左右空域形成的商业业态。那么，低空经济的着力点几乎能够覆盖第一、二、三产业的每一个领域，包括大众出行、物流快递等。而 3000 米左右空域的飞行器则相对要求比较高，成本比较高，主要以私人飞机和商务机为主，大多在几千万元甚至上亿元，显然只有极少数人才有这个消费能力。而低空飞行器少则几万元的无人机就可以投入运营，载人的飞行器一两百万元未来将成为常态，可以满足大多数人的需求。这背后其实就是消费升级、人均购买力等问题。

我之所以力挺一两百万元的飞行器进入家庭，就是从人均 GDP 这个角度分析得出的结论。随着人均 GDP 的提升，消费升级也在不断演变。二十年前，很多人购买的第一辆汽车可能是长安面包、夏利、桑塔纳、标致等，后来逐渐变成三四十万元的本田、丰田、小奔驰、小宝马，现在很多是五六十万元的奔驰、宝马。最近两年，随着国产电车的崛起，大家会选择四五十万元的电车，不仅使用成本更低，而且舒适性更好。当汽车保有量达到一定数量时，立体交通成为大家的首选，而更方便、更快捷正是交通工具的本质追求。选择拥有一两百万元的空中飞行器也将成为可能。

任何新事物在推进过程中，都会存在理解、误解的分歧，我们不必纠缠在这些方面，小小无人机的作用都没有完全释放出来，更不用说还有这么多低空飞行器。空域一旦放开，海阔凭鱼跃，天高任鸟飞。只要看准一个方向，就笃定前行，相信越往前走，道路就会越宽。

EAA 观察，低空经济大有希望

一年一度的美国通航盛会 EAA AirVenture（飞来者大会）在美国 Oshkosh 举行，近百万名航空迷、军事迷和上万架飞机齐聚这里。你会惊奇地发现，原来这上万架小型飞机，包括 2 人座、4 人座、10 人座的轻便型飞机，都是自己开过来的。要是在国内有这个规模，何愁低空经济看不见、摸不着呢？每年 EAA AirVenture 盛会都会吸引全世界的飞机爱好者参观、交流，国内也有不少飞机厂商参加，有些还带着自己的飞机前往展示。这么一趟折腾下来起码需要上百万元开支。而他们去参加，并不是销售飞机，也不是为了订单，就是为了展示和交流。可能这个商业哲学与国内不太一样。国内的企业大都是为了卖产品，不是展示和交流。从这个展会上，可以发现我们的差距。

第一，市场的活力一定来自民间，低空经济发展一定要坚持"放-放-

放",能不管的坚决不管,让市场去调配,我们只需要制定规则和监督执行就行了。这样,我们的空中才能真正热闹起来。

第二,我们要鼓励民间举办 EAA AirVenture 这样有影响力的展会,增强互动性、现场感、体验感,对行业带动作用非常强。EAA AirVenture 这样的展会,只有民间才办得起来,才有生命力。

第三,以更加开放的姿态发展低空经济。很多应用场景是靠市场调配资源,实现供需平衡的。市场更多的是一些自发行为,而不是组织行为。

美国实验飞机协会(Experimental Aircraft Association,EAA),成立于 1953 年,最初是由美国的一群航空发烧友组成的非营利组织,现在已经发展为在几十个国家和地区拥有上千个分支、多达几十万会员的国际性组织。

EAA AirVenture 于每年 7 月的最后一周,在芝加哥以北 250 千米的威斯康星州第三大城市 Oshkosh 举行,来自全球各地的近百万名航空爱好者和上万架飞机聚集在这里,共同庆祝航空界的狂欢盛宴。我们可以看到,美国的通用航空业的确相当发达。这一点在 EAA AirVenture 上体现得非常明显。除两个主展坪外,还有近千架小型通航飞机散布在展区各处。轻型的飞机,如派珀、西锐、穆尼和一些私人自制的实验性飞机等,直接停在展商门口道路两旁的草地上;稍微精致一些的多发飞机或喷气机,如比奇"空中国王"、塞斯纳"奖状"和本田喷气机等,则有专门的小展坪或展厅。其余的观众自驾机,大多根据现场指挥集中停放到展区边缘专用的草坪上,但也有部分飞机停放在静展区和跑道之间的草坪上。另外,各种专业的航空论坛也是 EAA AirVenture 的重要组成部分。观展指南的小册子里密密麻麻地印有每天百余场演讲和影片的信息,讨论的话题广泛而轻松。

从 EAA AirVenture 来看，我最大的感受是，我们的低空经济完全有希望。但是，我们好像进入了一个误区，很多地方的低空经济发展规划，大都把低空飞行器局限在 eVTOL 这个领域，这是远远不够的。现在全世界的 eVTOL、H2eVTOL 都没有商业化，至少还需要两三年时间，到时我们的天空一定是五颜六色、多姿多彩的。低空空域并不只是 eVTOL 的天下。我之所以这么说，并不是对 eVTOL 有什么偏见。没有，完全没有！我只是提醒大家，纯电动也好，氢动力也好，太阳能也好，其他生物质能也好，轻型飞机也好，都是低空飞行器非常重要的一部分。

一方面是地方政府的积极性非常高，另一方面是可以量产的飞行器太少。明星产品 eVTOL 都还没有量产，投入商业化运作估计最早也得 2025 年年底。2024 年的 EAA AirVenture 集聚了全球飞行器企业和飞行爱好者，都在热烈讨论我国的 eVTOL。大多数观点认为，中国现在把重心放在还不成熟、还未商业化的 eVTOL 身上过于冒险，而且他们并不认为纯电动飞行器就是环保的、绿色的。他们中间有很大一部分人认为，燃油型飞行器不环保是个伪命题，其应该是飞行市场的主流。他们也觉得低空飞行应该让各种飞行器都能够飞起来。这些观点基本上是美国通用航空界的主流观点，一方面他们为我们现在大力发展低空经济感到高兴，他们自然也会参与到我国万亿元低空大市场中来；另一方面他们又觉得我们过度依赖一个还未成熟的产品，过于冒险。

在前面我已经多次分析，应该鼓励多种技术路线的低空飞行器产业化、商业化。天空是蓝色的，但也不是容不得其他颜色。在美国、在全球，99%以上的航空飞行器都是燃油型的。燃油发动机动力十足，技术工艺非常成熟，燃油型航空飞行器已经在全球普及推广，我们现在处于低空经济起步期，千万不要把自己往单行道上赶。应该把大力推广短距离跑道的小型飞机与纯电动垂直起降和混合动力等飞行器结合起来，成熟一个推一个。甚至,传统燃油型飞行器也可以采取垂直起降的模式。未来三年、五年,我们将会看到五花八门上千种低空飞行器,陆续出现在我们的视野中。

既然国家大力发展低空经济,就应该有低空经济的全国性联盟,应该举办具有世界影响力的低空经济论坛和展会,而且都应该是市场化的。民间的会展,政府主管部门领导应该主动去参加,去讲话,去了解,去交流。千万不要觉得民间的、商业化的,官方就不能参加。民间举办这些活动,发展这些联盟,也是为了行业发展,为了产业发展,实现产业报国的目标。

众人拾柴火焰高。只要大家都齐心协力参与,社会进步才会更快。看了 EAA AirVenture,让我心潮澎湃的是,我们也应该举办一场这样的展会、论坛,发起这样的联盟。或许,我今天正在做的,正是目标的一部分。

CHAPTER 8
第八章

率先进入低空经济时代

当前，各级政府和相关企业都投入低空经济各个业务板块，完善基础设施，建设服务站、飞行站，制定飞行标准，为低空经济的高质量发展做好铺垫。

虽然大半年过去，我们很多城市的空中还是静悄悄的，但这并不影响我们对低空经济的坚定信心和努力。事情总需要一个过程，我们至少还需要用两三年时间，陆续把空域规划好，规则制定好，基础设施和配套设施完善好，各种飞行器才能有序飞起来。

发展低空经济并没有我们想象中那么难，不是毫无头绪，而是有章可循。至少先让无人机飞起来，点对点、端对端的快递外卖是可以实现的，直升机、小型飞机解决短途运输，空中巴士也是可以实现的。立体交通新格局就在眼前，我们在完成全国高速交通网络、高铁骨架网络、民航网络、通用航空网络之后，现在补上低空网络。

低空这张网很快形成之后，我乐观预计，到 2030 年，将至少会有 10 万架 eVTOL、H2eVTOL 这样的新型飞行器进入家庭，成为我们出行的交通工具。一家人从自家楼顶、别墅院子乘坐自己的飞行器到 200 千米左右的地方去度假，将变为常态。如果要去更远的地方，可以到附近的服务站充电。之所以推荐 eVTOL、H2eVTOL 这样的飞行器进入家庭，一是有人驾驶与无人驾驶同时存在，我们既可以选择完全无人化驾驶，也可以选择主动驾驶，与今天的无人驾驶汽车一样，选择余地多。如果选择无人驾驶模式，只需要在平台上输入目的地就可以轻松导航，降落到指定的飞行站。二是价格适度，2 人座的飞行器会降低到 100 万元左右，4~6 人座的会降到 200 万元左右，相当于一辆高档汽车。纯电动飞行器的成本很低，比我们地面上驾驶的燃油汽车的成本还要低一点。我们现在 100 万元以上的汽车拥有量大概超过 100 万辆。因此，五六年之后，拥有 10 万部价格 200 多万元的飞行器并不难。三是垂直起降飞行器起飞、降落对场地的要求很小，噪声很小，占用空间很小，大多数地方都能够满足。四是 eVTOL、H2eVTOL 属于清洁、环保的交通工具，不会对环境构成危害。五是空中的士将成为常态，我们只需要在手机端下单，在自家楼下，或者到附近的飞行站、服务站扫描二维码即可预约空中飞行器，方便、快捷地抵达目的地。

未来，我们不仅有汽车，还有飞行器，既可以个人购买，也可以临时租赁。下一步，各大城市和高速公路的交通压力将会减小很多，出行将变得更为方便。

虽然通用航空时代不能一步到位，但是我们能够率先进入低空时代，我们的低空经济将率先发展并强大起来。低空飞行器将进入我们千家万户。

低空经济时代最显著的特征就是低空网络覆盖全国上万个大、中、小城市和社区、旅游景点、机场、高铁站。低空飞行器将大范围普及，低空飞行装备将更加智能化、模块化、无人化、数字化，外观更为时尚。纯电动、氢动能、太阳能、生物质能、混动的飞行装备将丰富低空空域，不仅成为大家出行时重要的交通工具，还会由此带来生产效率的显著提升。

我国将在 2030 年前后，成为全球最大的低空空域市场、最大的低空应用市场、最大的低空飞行装备市场、最大的低空经济体。

有了发达的低空经济，我们的内循环效率将至少提高 30%，我们的对外开放度也将随之提升，特别是使得我国和东南亚、"一带一路"国家的联系更为紧密。

接下来，我国的飞行装备行业将迎来爆发式增长，竞争将异常激烈，一是国外的龙头企业将涌入我国，抢占低空大市场；二是我国将会诞生一大批自主创业的企业。目前，已经成气候的 eVTOL 企业十多家，不到二十家，其中有一定影响力，拿到了部分认证的也就五六家。已经或正在进入这个领域的国内企业上百家。到 2030 年年底，我国至少将新增上千家低空飞行器企业，以垂直可起降的无人载人模式为主。

国家对飞行器管理特别严格，只有拿到 TC（型号认证）、生产许可（PC）和适航认证（AC）、商业无人载人飞行认证（OC），才能载人飞行。能够拿到这四证，最快也不会少于五六年。过去我还以为这个办事效率太低了，五六年才能拿到证太拖拉，因为往往五六年前的设计都过时了，很多技术也被淘汰了。但是，后来我了解到美国对此要求更高，一般需要十多年。凡是载人飞行的航空器都是各个国家严格管控的，人身安全不敢疏忽，需要经过很多实验、检测、疲劳测试、风洞测试等。所以，比较起来，我们还是幸运的。当然，未来也不排除拿到四证的时间从五六年缩短到两三年的可能性。毕竟低空飞行的难度没有民航万米高空难度那么大。

低空飞行器不仅仅只是一个飞行工具。过去，外国人不太注重汽车的内饰和外观，欧洲的很多汽车都特别小，内部空间也特别拥挤，外观也特别老旧。我就不明白欧洲人块头那么高大，坐在那么小的汽车里一点都不舒服，为何不能购买宽大一些的汽车呢？在我们的认知里，汽车不仅要宽大，还要内饰豪华大气，才是身份的象征。丰田、日产在十多年前开始在欧洲投放的纯电动汽车、氢能汽车，都是小块头的，在中国肯定没市场。哪怕我们过去改革开放初期还很穷的时候，大家骨子里就不太瞧得起那些小型汽车，总觉得汽车就是要宽、要长，坐在里面腿要伸直，要舒适。看看我们的纯电动汽车，哪怕十几万元的，外观都特别时尚，像模像样，科技感十足，里面内饰豪华，仪表盘大气，触摸屏、语音交互、自动驾驶，样样都引领潮头。

我们的飞行器，现阶段还远未成熟。第一代面世的产品已经做得很漂亮、时尚，但是内饰质感还需要提升，很多功能还需要进一步完善。其实，不需要我们提醒，相信在市场竞争的巨大压力下，各个飞行器厂家都会铆足劲儿，把最先进的技术、最好的体验展示出来。因为只有充分竞争才可能生存下来，只有充分竞争才能推动科技进步。

电动汽车行业看起来欣欣向荣，所有的新车都充满时尚感、科技感，而价格却越来越低，每家企业的估值越来越高，但真正赚钱的企业却不多。很多厂家开始呼吁同行不要打价格战，不要这样"卷"，再"卷"下去，整个汽车行业都会遭殃。如果周边竞争的企业都活不下去了，自己也未必就能活得很好。世界上有影响力的企业都不是靠价格战生存下来的，都特别注重生态。

我在广东投资了一家 3D 打印高科技公司，是 3D 打印综合方案的提供商，超过一半的客户都是全球大企业。他们根本不关心价格，同样的产品他们会在全球挑选几十家 3D 打印企业同时测试，综合比较以后选择最优的企业合作。他们一是关注技术工艺和质量，满足了这个基本条件以后，再考虑合作；二是关注知识产权保护和保密，会签署很多文件约束，而且车间里都有摄像头直接连接到他们的总部，随时可以查看现场。关于价格，我们一般在国内做到 3 元/克就不错了。国内有许多同行找到他们，愿意给到 2 元/克的价格，但是他们都不为所动。最终他们给我们核下来的价格都是 9~10 元/克。

这个事情给我很大的启发。要知道我们给国内的大企业做类似产品，一方面把价格压到 2 元/克，另一方面还要把账期压到一年或者至少半年。

两者一比较，你就能够轻松判断究竟谁才是最伟大的企业，伟大的企业家应该具备什么。我的理解，你在赚钱的同时，还能够主动给你的上下游企业预留足够的利润空间，这样的企业才是伟大的企业。这么简单的道理，很多企业家不是不懂，而是觉得能够把价格压到最低的时候自己才算胜利。如果你的合作伙伴都生存不下去了，还有什么意义？或许这就是为什么很多产品出现质量问题的原因所在。你的量很大，但是价格已经接近成本，要想做你的生意，不赚钱总不能亏本吧，那就只有尽可能压低成本。总之，靠价格战的商业文化令人唾弃。

我记得很小的时候，在乡镇上卖过水果、蔬菜，后来也买过水果、蔬菜，两种身份都切换过。买菜砍价遇见得很多了，价格实在太低就不卖了。但是后来买菜，总想把价格压得很低的时候，我记得母亲曾经说过，娃儿啊，别人卖菜不容易，我们有时候也在卖菜。后来，在做企业的时候，我觉得算自己的账，有合理的利润就可以了，不要考虑别人会不会赚得太多了，也不会把别人的价格压得越低越好。有钱大家赚才是好的生态。

今天，我们的低空经济也要注意这个问题，不要靠价格去占领市场，国外企业都非常反感。当然，随着市场规模的扩大，产品成本自然会大幅降低，价格自然会降下来，这是非常正常的。在没有规模化、商业化之前，价格高一些，大家也能够理解。

输出低空经济模式

我们究竟向世界成功输出了什么？高铁？5G？还是我们的商业文化？

这次轮到低空经济了，通过对低空经济的深入研究，发现我们迎来了低空经济时代。这个时代不需要狂热的追逐，也不需要高歌猛进，而是需要一步一个脚印，把应用场景拓展到我们身边，让我们不知不觉地参与到低空经济中去。从自行车时代到汽车时代，再到低空经济时代，大概半个多世纪，我们很幸运地见证了这个时代的变迁。我今天能够有机会参与到低空经济中，成为重要的推动者之一，也是非常难得的机会。

我们的应用场景就好比一个"婴儿"，每天全国各地会出生很多"婴儿"，他们正在一天一天地成长。伴随着应用场景的进一步突破，我们将会有更多的低空飞行器产品面世，并在应用中成长，在竞争中发展和壮大，而且科技含量越来越高。

我们从一个表面上看起来并不起眼甚至小儿科的低空经济大国，到低空经济强国，将带动航空装备、人工智能、无人驾驶、空天地一体化、大数据、电池及储能等相关科技产业的发展壮大，同时，也将大力提升第一、二、三产业协同发展，促进经济结构发生根本性改变。

我们输出的不仅是大量具有竞争优势的低空飞行器产品，还有我们的低空经济发展生态和标准。单靠出口飞行装备，一年顶多几百亿元，而我们的低空商业模式和低空应用解决方案才是核心，数据才是核心。未来的世界里，硬件是必需品，但是真正赚钱的不是硬件，软件才是人工智能的大脑。过去我们推动数字地球和空天地一体化发展，你能看到多少硬件产品？人工智能有多少硬件？机器人只是人工智能的表达方式和表现形式之一。

低空经济如何改写未来出行

未来，我们将像拥有一部汽车那样拥有我们的小型飞机、eVTOL、飞行汽车；我们只需要抵达飞行站、服务站即可扫描二维码，呼叫一部空中巴士，也可以预订指定线路。届时，立体交通网络和地面交通网络一样重要，成为我们生活的一部分。

我们可能生活在大城市，也可能生活在大郊区。我们看到今天欧美发达国家的生活，就是我们的明天。我们的大农村正在改变，到处都是美丽的生态植被，到处都是高标准的田园生活和特色民居，到处都是别墅小院，可能某一栋就是我们的家。立体交通、低空飞行，让我们把城市和家、度假区的距离拉近。

空中巴士、空中飞行器、小型飞机、eVTOL 都将以无人驾驶为主，也可以有主动驾驶，只需要经过专门培训，考取驾照就可以。无人驾驶技术将非常成熟，并广泛普及，从地面的汽车到空中的飞行器。所以，无论老人，还是孩子都不需要司机，都可乘坐私人航空飞行器抵达度假村、老家、学校、游乐园。

未来，低空出行的航线申请也非常方便。由于私人拥有的航空飞行器是实名注册的，只要定期年检，就可以随时申请线路，即时申请，即时出行；如果是既定线路，将随时可以起飞。

未来，大部分快递业务都将通过大中型无人机及时送达，比现在的汽车货运缩短 50% 以上的运输时间，比现在的空运缩短 20% 以上的时间。在任何一线城市，均可实现当天抵达。二、三线城市，也能实现次日抵达。

现在，一批传统做汽车租赁和打车软件的公司已经"盯"上了低空经济，开始布局空中交通业务。

公共交通工具也将在低空普及和推广，这对地面的交通行业既带来了机遇，也带来了挑战。不是每一家企业都认为低空飞行是好事，如汽车营运公司、汽车出租公司等行业的工作人员会有一大批人被淘汰。全国大部分汽车客运站、长途运输公司在汽车普及、高铁普及、民航普及的背景下开始转型，只不过低空经济加速了转型过程。有些也可能转为空中交通服务商。一部分人认为，低空经济"摧毁"了他们的饭碗，另一部分人则认为，低空经济给他们带来了新的机会，空中也可以跑"出租"。

CHAPTER 9
第九章

低空经济如何走好下一步

发展低空经济是一个长期的、渐进式的过程，这个过程究竟有多长呢？估计二十年是需要的。二十年之后呢？可能低空经济的重点将发生改变，我们将进入通用航空时代。所以，这个时候，我们再讨论低空经济与通用航空的关系就比较清晰了。我们暂且把通用航空 3000 米以下的空域分为两个部分，1000 米以下的空域为低空，供大量的大中型无人机、小型飞机、直升机、eVTOL、飞行汽车使用。3000 米左右的空域供通用航空器使用，主要是满足长距离使用需求，以 10 人以上的私人飞机、商务飞机、客运飞机和货运飞机为主。

我们进一步分析可以发现，现在的低空经济从广义上来讲，应该包括通用航空，即包括 3000 米左右的空域。因为民航空域是在万米高空，而区别于高空，则为低空。从狭义上讲，低空经济与通用航空就是两个并不重叠的概念，低空就是千米以下的空域，3000 米左右的空域就是通用航空使用的空域。

千米低空飞行器的特点，一是短距离，以 200 千米左右为主；二是载重量小，以轻型化者为主；三是价格低，在 200 万元左右；四是起降方便，占地面积小，大都以垂直起降为主；五是容易快速普及，进入家庭；六是动力以纯电、混动、氢能、太阳能、生物质能为主。

之所以很多官方文件都将低空经济与通用航空并列，我的解读，可能是从不同时间节点突出不同重点。发展低空经济与通用航空并不矛盾，两者之间是相辅相成的关系。在发展低空经济的同时，也会带动通用航空的发展。

现阶段，很多地方比较迷茫：究竟如何认识和处理低空经济与通用航空的关系？如何匹配相关资源，究竟先抓低空经济，还是先抓通用航空？

我的理解是，成熟的先推进起来，成熟一批推进一批；不成熟的或者看不见的可以先放一放。很多地方都在从不同角度摸索应用场景，一旦得到验证以后就可以快速推广和复制。当然，建议还是从深圳、广州、上海、成都、南京等城市率先进行试点推进，之后才容易在其他地方推广，才具有普遍推广价值。

我一直以为，上海无论在低空经济，还是通用航空领域，其硬实力和软实力都是当之无愧的国内第一，希望在世界也能名列前茅。西安、哈尔滨这样的城市有必要加强低空经济领域的力度，抓住机遇，提振经济。

全世界做 eVTOL 这类新型低空飞行器、小型飞机、大中型无人机的企业很多，处于世界第一梯队的基本都在美国硅谷，而不是在我国。如果上海站出来说要打造中国低空经济第一城，估计没有谁敢站出来挑战。eVTOL 企业，上海就占了全国的一半，上海的航电等配套企业、高层次专业人才在全国范围来说也是最集中的地方之一。但是，很遗憾的是，上海这一次在低空经济浪潮中力度并不大，声音也不大，可能手里的好东西太多了，忙不过来，正好给了其他城市机会。这个风头快速被深圳、广州抢占了。要说深圳和广州的实力，主要是无人机的市场占比很大，以消费级的为主。中国的无人机占世界市场总份额的 70%左右，而深圳、广州一带则占中国的 70%左右，这就是深圳、广州的底气。另外，广州和深圳也有一些低空飞行器厂家和科研机构、人才，更突出的是应用端，具有很大的推进力度。

2024 年 8 月 2 日，深圳市低空经济高质量发展大会上，深圳市大胆喊出了响亮的口号，要创建"低空经济第一城"，的确令人振奋。低空经济没有照搬的模式，没有统一的方案，我们总要有一批城市、有一批人站出来，勇敢地去尝试，去摸索。至于成功与否，其实不是最主要的因素。关键是我们看准了就干，就往前推进，而不是等待。只不过，这一次让同样雄心勃勃的广州情何以堪？是甘居第二，还是挑战第一？而且这次深圳的站位很高，几乎没有给其他城市选择的机会。因为，深圳要挑战的是"低空经济第一城"。目前，估计广州还真不好迎战。要说当前实力，给人的感觉，广州是老大哥、老城市，创新活力方面自然要弱一点，机制体制方面弱一点，但是广州的底蕴比深圳深厚多了，而且硬实力可能某些方面还比深圳强一点。当前两个城市的实力，准确来说，差距并不大。

2024年第一季度，广东省政府和江苏省政府都高规格地举办了全省高质量发展大会，都铆足劲要大干一场，以加快产业转型升级和结构调整。当时，低空经济的氛围还没起来。到了四五月以后，低空经济开始引起各级政府高度重视，广东省政府则是冲在最前沿，开始部署低空经济，而深圳、广州两座城市都非常给力，谁也不服谁，制定的目标都很高，压力都很大。有很多媒体朋友私下说，如果上海不站出来，现在要说谁是中国低空经济第一城，恐怕只有从深圳和广州两个城市中选择，而且基本上看不出来谁是第一，谁是第二。这次，深圳率先出牌，吹响了冲刺低空经济第一城的号角，相信广州也不会懈怠。只要有南方这两座一线城市你追我赶、互相较劲，我国低空经济就一定大有可为。

低空经济是未来十年我国经济的主体之一，在推进过程中，将为下一步通用航空时代积淀宝贵经验，包括空域管理、航线规划、服务站建设和商业模式等。

我国的空域开放、航线规划、空域管理，应该尽快与国际接轨。之所以这么讲，十年前，我国推动通用航空发展的时候，就在要求空域开放，加快空域改革，但是十年下来进展并不如人意。很多人把我国通用航空没有发展起来的主要原因归结为空域开放没有跟上。虽然我并不完全这么认为，但是至今空域开放度不够，是事实。而且要说空域开放有多难，我们不知道难在哪里。但是在国外亲身感受了空域开放以后带来的诸多便利，我突然发现，美国 30 多万架私人飞机，出行非常方便，基本上是说飞就马上能飞。为什么我们飞起来那么难？国外申请航线只需要十多分钟，有时候不到十分钟就轻松搞定。而且很多小型机场只需要几百米的跑道就可以。我国要做世界第一个低空经济国家，我国的空域不仅要放开，放开的力度还要足够大。

也有人分析认为，之所以空域不敢放开，或者说放开进展较慢，主要是害怕出现重大空中交通事故。前面我们也分析过，低空空域交通事故应该区别于民航交通事故，当作普通的路面交通事故来对待，让大家放心、大胆地去干事，不能让干事的人背负太大压力。因为低空一旦全面放开，在起步阶段，不可避免地会出现一些事故，特别是无人机与无人机的碰撞，也包括无人机可能与有人机相撞。同时，我们在航线规划中，先期在边缘地区先试点，把无人机航线与有人机航线区别开，尽量不交叉。其实，现在大数据、云计算、人工智能、无人驾驶、北斗导航技术已经非常成熟，在完善低空空域指挥、低空航线规划、低空信息共享、航空飞行器管理方面一点也不难。至少国外在这方面已经非常成熟，绝大多数交通事故都是完全可以有效避免的。

我们必须在空域开放、航线规划、空域管理、低空交通指挥网络平台建设完善的情况下，加大放开空域的力度。这些基础性的工作对低空经济发展至关重要。任何一个飞行器在空中飞行，都需要与地面进行信号接收、传输。任何一个环节出现问题，都会影响飞行器的正常飞行。因此，低空经济的准备工作也必须是非常严谨的。只有在这些基础性工作完全到位以后，才能有序试行、放开，再逐步常态化。这个过程一般需要一两年时间才能基本完成。

我们现在都很急,但是有些地方却忽视了大量必要的基础设施建设,以为放开低空就可以发展低空经济。有些地方虽然出台了低空经济指导意见,很多奖励政策也很吸引人,动辄几千万元甚至几亿元,却吸引不了企业,而且这些钱也用不出去。这些宏观的指导意见怎么才能变成实实在在落地的发展路线,怎么能够真正在实践中指导产业培育和招商工作?既然低空经济属于经济范畴,就要研究经济规律,任何经济行为都有规律可循。低空经济有几大核心要素,一是低空,二是飞行器,三是飞起来,四是应用场景。形成常态化,才能构成经济活动,才能产生经济效益,也才能拉动相关产业发展,最终形成低空经济。

我们在制定规划的时候,不要把目标定得太高,一定要结合本地实际,找到一个突破口,集中力量去拓展。即使在应用端,也要选一两个方向去发力。千万不要把太多精力集中在飞行装备上,今天没有产业优势,并不意味着将来也没有。基础工作做好了,低空经济的发展氛围起来了,相关资源自然就会大量积聚。

CHAPTER 10
第十章

如何推动低空经济发展

为什么要组建联盟

过去十年，为了推动我国 3D 打印、机器人等新兴产业发展，受有关部门委托，我先后发起创建了中国 3D 打印技术产业联盟、国际机器人及智能装备产业联盟，在推动我国 3D 打印、机器人和人工智能等新兴产业方面发挥了重要作用，得到了有关部委和领导的高度评价。

2024 年以来，各地积极发展低空经济的热情高涨，很多业内企业也大都是中小企业，"小而散"的现状比较突出，很多人对低空经济一脸茫然。为此，一些领导和业内企业找到我，说新兴行业需要有人站出来为行业发展做一些事情，牵头组建一个联盟，开展系统性的产业研究，加强对话交流，抱团发展，科学普及，示范应用，对推动行业发展至关重要。于是，我们在征得有关部门的意见以后，广泛联系业内龙头企业，得到了大家的大力支持和快速响应。

2024 年 8 月 3 日下午，我们在中国大饭店举行了中国低空经济联盟理事会成立仪式暨低空经济高质量发展座谈会，大家见证了这一刻。下面是我的工作报告，从中可以看出，我们首批创始成员都有一份强烈的责任感和使命感，都在努力推动联盟的搭建和行业的进步。

肩负责任和使命　推动我国低空经济高质量发展

——中国低空经济联盟筹备情况的汇报

（2024 年 8 月 3 日　中国大饭店）

尊敬的各位领导、各位创始成员、新闻界的各位朋友们：

大家下午好！

7月21日,"发展通用航空和低空经济"被明确写入党的二十届三中全会审议通过的《中共中央关于进一步全面深化改革 推进中国式现代化的决定》;7月30日,中央政治局集体学习会议上,习近平总书记强调,要做好国家空中交通管理工作,促进低空经济健康发展。

今天是一个特别的日子,对于低空经济来说,也是值得纪念的日子。低空经济已经成为国家战略,受到各级政府和众多企业的高度重视,但是国外没有照搬的模式,没有可以借鉴的经验,一切都需要我们在实践中不断摸索和总结。在顶层设计还没出来,部门之间职责分工还不清晰,商业模式、应用前景还不明朗的时候,我们全体创始成员为了一个共同的理念和目标,主动聚集在这里,搭建一个对话交流的智库平台,探索建立一个常设性的市场化运作机制,共同谋划我国低空经济的未来,对于我国低空经济发展具有里程碑的意义。未来,当低空经济成功走进我们生活,并走向世界的时候,此时此刻将会是在座的各位值得骄傲的回忆。2024年8月3日,是我们这些企业,是我们这些人坐在一起,率先启动了第一个全国性的低空经济联盟,并将于11月中旬率先举办全球低空经济大会。从此,我国低空经济的每一个重要节点,都会有我们的参与,都会留下我们的身影。中国低空经济联盟在大家的共同努力下,定将成为我国低空经济行业发展不可或缺的力量。

联盟能够在不到两个月时间内发起并成立,集聚我国低空经济领域上下游70%以上的优势资源,这不是一件容易的事情。这背后离不开有关领导和有关部委给予的大力支持,虽然他们今天没有来到现场,但是我们背后坚定的支持者。我们在此表示由衷的感谢!同时,还要感谢大家抽出宝贵时间来参与和见证中国低空经济联盟的发起成立,并一起为我国低空经济的高质量发展出谋划策,分享各位的真知灼见。因为我们有共同的目标、共同的使命、共同的担当。相信在大家共同的努力下,中国低空经济的未来一定会更加辉煌!

第十章 | 如何推动低空经济发展

发展低空经济对于激活我国立体空间资源、推动经济结构调整和传统产业转型升级，加快新质生产力和新兴经济发展具有重要意义。当前，各级政府正全力以赴投入低空经济的万亿赛道，社会各界给予高度关注，但是行业整体还处于起步初期，"小而散"的现象比较突出，缺乏典型的应用场景来带动，商业模式尚不清晰，空域管理和航线规划滞后，基础设施和配套设施不完善，新型低空飞行器还未商业化，部门之间分工不明等因素，导致很多城市低空经济表面上"热热闹闹"，却"看不见，摸不着"。

为深入研究低空经济发展规律，快速拓展应用场景，找到我国低空经济发展最佳路径和商业模式、技术路线，推动行业抱团发展，从 2024 年 6 月开始，由我来牵头组建中国低空经济联盟，得到了在座的 100 多家上下游龙头企业、低空经济园区、产业投资基金和地方政府的高度重视和积极响应。

各位朋友，成立一个联盟非常简单，我们不能把联盟当作政府机构，也不能把联盟当作社会组织，联盟只是一个圈层，是为我国低空经济行业发展服务，为社会服务，为地方政府服务，为创始成员服务的机构。联盟的生命力、号召力来自市场，通过市场配置资源，通过市场培育产业。有了产业链，就有了生态链。联盟要有权威的声音传播出去，要有足够的号召力和影响力，要有行业话语权；需要做产业研究，需要对行业发展有独立性、系统性的思考，还要用国际化视野搭建国际对话平台；要为主管部门和创始成员提供决策参考，为解决行业发展面临的共性问题"鼓"与"呼"，才能真正发挥联盟的作用，才能真正引领和带动行业发展。

过去十年，我先后发起组建了中国 3D 打印技术产业联盟、国际机器人及智能装备产业联盟，在推动我国 3D 打印、机器人、人工智能等新科技方面做了大量的工作，得到了有关领导人、部委及会员企业的充分肯定和高度评价。今天，有幸参与到我国低空经济的发展浪潮中，的确是一份莫大的荣幸和责任，从今开始，我们就是"低空经济一家人"，不分你我，肩负重担，携手奋进，见证历史。再次感谢各位创始成员的积极参与和支持。下面我向各位汇报联盟的定位和运营模式。

一、联盟性质：非营利性的、非独立法人、非官方的行业智库。

二、组织架构：设理事会，推举轮值理事长、常务理事。在副理事长中推举几位有责任心、有号召力的担任轮值理事长。

民航数据、中国民航飞行学院、中国民用航空局二所、航天南湖、沃飞长空、时的科技、沃兰特、亿航智能、峰飞航空、九洲空管、中交遥感、狮尾智能、航天宏图、交控科技、华设设计、千方科技等行业龙头企业负责人担任副理事长。超图软件、航天时代飞鹏、大有时空、云圣智能、能飞航空、雷通科技、北京市政总院、南昌航空大学、山东交通职业学院、广西职业技术学院、吉林通用航空职业学院等单位的负责人担任常务理事。

三、联盟工作内容

（一）掌握行业话语权。筹备每年的全球低空经济大会暨展会，搭建国际对话平台，借鉴美国 EAA AirVenture 大会的形式，将全球低空经济大会暨展会办成全球低空经济领域最权威、最具影响力的年度盛会。（二）拓展应用场景。与低空经济城市合作，携手举办若干场低空经济应用场景推进大会。（三）智库支撑。负责与政府主管部门的沟通协调、汇报行业进展、协助起草产业发展规划。（四）促进国际合作。（五）推动专业人才培养。（六）牵头起草行业标准。与创始会员、低空经济相关城市合作，协助起草行业标准，协助创建交通指挥平台。（七）增强服务功能。密切保持与创始成员之间的联系、沟通和协调，协助解决创始会员遇到的困难和问题。（八）受有关部委、地方政府委托的其他事项。

四、治理机制：（一）定期召开联盟常务理事会会议、创始成员年度会议等机制；（二）联盟重大事项事前沟通。

五、使命担当：（一）建立对话机制，高标准举办全球低空经济论坛，促进国际对话合作，提升我国低空经济在全球的话语权；（二）发挥行业智库作用，及时向主管部门和创始成员提供决策参考，引导我国低空经济高质量发展；（三）携手低空经济城市携手拓展应用场景。

六、经费来源：不收取会员会费。

七、创始成员责任权利义务：（一）为联盟发展和行业发展建言献策；（二）积极参加联盟的活动；（三）携手共同打造全球低空经济论坛；（四）优先分享联盟资源；（五）用好联盟资源和网络，为当地低空经济发展服务；（六）参与行业标准制定和产业规划起草；（七）其他方面的权益。

为什么要举办全球低空经济论坛

行业发展需要有若干对话交流的渠道。联盟要有号召力和话语权，就必须有声音，要有声音就必须要创办一系列平台作为支撑，即举办各种论坛、会议。一个属于联盟自己的专业性会议，无疑是展示联盟最好的机会。一是可以促进低空经济行业之间的交流；二是可以促进低空经济行业与社会交流，以及国际交流。

过去，我在推广 3D 打印、机器人和人工智能的时候，我们成功举办了七届世界 3D 打印技术产业大会、两届世界机器人及智能装备产业大会。每次大会都是上千人的规模，场面非常壮观，根本不需要考虑现场人少的情况，希望了解和学习的大有人在，都在寻找这样的机会。很多行业龙头企业负责人都希望在我们的会议上发表演讲，传达他们的声音。因此，联盟的话语权应该掌握在联盟手里。但是如果联盟浮在面上，什么事情也做不了，那这样的联盟就没有生命力。成立联盟可能刚开始会困难一点，毕竟需要打开局面，一旦论坛、会议举办起来，就会有很多意想不到的收获。会员企业能够在会议上找到客户，找到很多合作伙伴，地方政府领导通过会议认识了很多企业等，联盟和论坛成为大家重要的平台。

我们不仅每年举办一场年会，每年还要组织一批会员企业去欧美同行的企业访问，进一步拓宽我们的视野，拓展更多"朋友圈"。同时我们坚持每个月至少接受一两家媒体访谈，及时传递我们的声音，激发行业活力。

当前，低空经济已经成为各级政府的头等大事，这两天联盟成立的新闻发布以后，每天都有很多地方政府领导和产业园区主动联系我们，邀请我们去讲课，去考察指导，并加强合作。其实，最主要的是如何帮助他们招商引资。

举办全球低空经济论坛，搭建对话平台，使论坛成为行业发展的风向标，可以引导行业发展，也为地方政府推介投资环境、项目对接提供面对面交流的机会。利用论坛、会议，将上下游龙头企业再次集聚起来，把全国低空经济城市的领导集聚起来，在对话中形成互信，在对话中深化合作。尤其是当低空经济还处于起步初期，很多商业模式还不明晰的时候，论坛的意义和价值就体现出来了。

因此，我们希望着力打造全球低空经济论坛，突出专业性、实用性、引领性，作为引导中国低空经济发展的一张重要名片，成为推动低空经济的重要力量。

附录 A

广东省推动低空经济高质量发展行动方案（2024—2026 年）

低空经济是指以民用有人驾驶和无人驾驶航空器在低空空域内的各类飞行活动为牵引，辐射带动相关领域融合发展的综合经济形态。发展低空经济对于激活立体空间资源、提供高效公共服务、改变生产生活方式、催生跨界融合新生态、打造经济增长新引擎、加快形成新质生产力具有重要意义。为贯彻落实党中央、国务院决策部署及省委、省政府工作要求，抢抓技术创新和规模应用发展机遇，开辟发展新领域新赛道，推动我省低空经济高质量发展，制定本行动方案。

一、总体目标

到 2026 年，低空管理机制运转顺畅、基础设施基本完备、应用场景加快拓展、创新能力国际领先、产业规模不断突破，推动形成低空制造和服务融合、应用和产业互促的发展格局，打造世界领先的低空经济产业高地。

——管理机制运转顺畅。"军地民"三方协同管理机制基本建立，在基础设施建设运营、低空飞行服务保障等方面构建起各方分工明确、协同高效的工作机制。

——基础设施基本完备。建设一批通用机场和起降场、起降点，基本建成安全高效、互联互通的地面基础设施网络，核心区域低空智联基础设施建设完成。

——产业规模稳步增长。低空经济规模超过 3000 亿元，基本形成广州、深圳、珠海三核联动、多点支撑、成片发展的低空经济产业格局，培育一批龙头企业和专精特新企业。

——创新能力显著提升。布局一批省级创新平台，争创国家级创新平台 1~2 家。攻克一批低空领域关键卡脖子技术，基本实现低空产业链自主可控。

——应用规模不断拓展。全省通用飞机飞行达到 15 万小时，无人机飞行达到 350 万小时。在城市空中交通、低空物流、全空间无人体系等试点示范取得积极进展。

二、加快推进低空空域管理改革

（一）加强低空空域协同管理。完善相关工作机制，加强"军地民"三方工作协同，共同研究协调低空空域分类划设、飞行活动监管等低空融合飞行管理事项。支持广州、深圳等市先行先试，加强城市空中交通管理组织运行模式研究，完善管理措施。（省发展改革委牵头，各地级以上市人民政府、省委军民融合办、省交通运输厅、民航中南地区管理局、民航中南空管局配合，以下均需各地级以上市人民政府配合，不再列出）

（二）争取低空经济试点示范。积极争取国家支持，在具备条件的地区开展城市空中交通、低空物流、全空间无人体系试点示范，适应城市低空空域安全高效管理需求。及时总结相关地区试点示范经验，探索将空域管理、运行管理、飞行保障等方面的改革创新成果推广到全域。（省发展改革委牵头，省委军民融合办、省交通运输厅配合）

三、适度超前布局低空基础设施

（三）完善地面起降设施网。加快《广东省通用机场布局规划（2020—

2035 年）》布点的通用机场建设，推进停机库、能源站、气象站、固定运营基地和航材保障平台等地面保障设施建设。各地市结合实际编制本地区无人机起降设施布局规划，按需建设小型起降点、中型起降平台、大型起降场，形成多场景、多主体、多层次、有人机与无人机兼顾的起降点网络。引导已建成的通用机场和起降场完善低空保障能力，逐步补充充换电等新能源基础设施。加强通用机场和起降场集约利用、兼容共享，避免重复、低效建设。鼓励现有和新建的住宅、商业楼宇建设低空基础设施。（省发展改革委牵头，省住房城乡建设厅、省交通运输厅、省能源局、省气象局配合）

（四）构建低空智联网。根据全省飞行服务站布局规划，完善通信、导航、监视等相关配套设施网络建设。各地市要以应用场景需求为牵引，因地制宜、务实有序推进满足本地区无人机应用需求的低空智联网建设，并与省相关平台实现互联互通。加快 5G 及 5G-A（通感一体）、北斗、卫星互联网、广播式自动相关监视（ADS-B）、雷达等技术融合，完善低空通信、导航、监视、识别、气象、反制等配套设施网络，整合各市感知数据，逐步建设完整统一、服务全省的低空智联网。建设完善多层次的算力供给体系，满足规模化低空飞行中异构、高密度、高频次和高复杂度的感知需求。针对管制区域和重大活动开展要地低空防御建设。（省发展改革委牵头，省工业和信息化厅、省公安厅、省政务服务和数据管理局、省通信管理局、省气象局配合）

（五）推动数字低空建设。汇聚整合三维地理信息、城市信息模型（CIM）、低空飞行空域等数据，构建全省一体化数字低空底座，为低空管理服务体系提供数字化基础支撑。建立健全低空数据管理制度和标准，完善对接规则。加强低空数据生产、传输、存储、处理和使用全流程安全管理。探索开发利用形成一批优质数据产品。（省政务服务和数据管理局牵

头，省委网信办、省发展改革委、省自然资源厅、省住房城乡建设厅、省交通运输厅配合）

（六）建设低空管理服务体系。建设省级低空飞行综合管理服务平台，与国家平台互联互通，实现省级空域协同管理、无人机飞行态势监视、省际省内跨市低空飞行统筹协调等功能。支持具备条件的市建设市级低空飞行综合管理服务平台，与省级平台实现数据和服务对接。形成以省级平台为中心、各市平台为节点，覆盖全省的低空飞行服务保障体系。研究出台《广东省通用航空飞行服务站布局规划》，支持各市按需建设飞行服务站。（省发展改革委牵头，省公安厅、省工业和信息化厅、省交通运输厅、省政务服务和数据管理局、民航中南地区管理局、民航中南空管局配合）

四、积极拓展低空应用场景

（七）构建低空智慧物流体系。聚焦"干—支—末"物流配送需求，结合省内物流园区、快递分拨中心、重要商务区等布局，建设无人机物流节点，开展无人机城际运输及末端配送应用。推动低空物流配送应用在城市、乡村、山区、海岛等规模化落地，重点拓展跨海高值海产品运输、航运物资补给、医疗物品快速转运、山区农产品转运等场景。引导通用机场建设低空物流集散中心，打造覆盖全省的载重百公斤级跨地市低空物流网络。（省交通运输厅、省商务厅、省邮政管理局牵头，省发展改革委、省住房城乡建设厅、民航中南地区管理局、民航中南空管局配合）

（八）发展城市空中交通新业态。支持广州、深圳、珠海等具备条件的城市开通市内和城际低空客运航线，打造覆盖粤港澳大湾区主要区域的低空空中交通走廊。鼓励利用直升机、eVTOL 等低空飞行器探索拓展空中通勤、商务出行、空中摆渡、联程接驳、跨境飞行等低空新业态。探索开辟粤琼低空航线。（省发展改革委、省交通运输厅牵头，民航中南地区管理局、民航中南空管局配合）

（九）打造航空应急救援体系。加大低空飞行器在应急救援、消防救援、水上救援、应急通信、应急指挥、搜寻搜救、应急值守、医疗转运等领域的示范应用，积极推进航空医疗救护联合试点工作，持续推动航空医疗救护融入航空应急救援体系建设。整合全省航空应急资源，加强与低空运营企业合作，发挥通航飞机、直升机、无人机高低搭配、功能互补的特点，构建全省统一标准、统一指挥、统一调度的航空应急救援体系。（省应急管理厅牵头，省公安厅、省卫生健康委、民航中南地区管理局、民航中南空管局配合）

（十）全面赋能"百千万工程"。深化"百千万工程"信息综合平台驾驶舱应用，完善无人机指挥调度体系，赋能"百千万工程"重点工作。结合省域治理"一网统管"和智慧城市建设，加大无人机、eVTOL、直升机在城市管理、安防巡查、水务监测、电力巡检、道路巡检、生态治理、海洋巡检及农林植保等领域的应用。（省政务服务和数据管理局牵头，省公安厅、省自然资源厅、省生态环境厅、省住房城乡建设厅、省交通运输厅、省水利厅、省农业农村厅、省林业局配合）

（十一）培育低空新兴消费业态。积极引导和支持发展各类低空经济新兴消费项目，开发和推广低空观光、飞行体验、高空跳伞、个人娱乐飞行等多元化低空旅游产品，在省内著名景点打造低空文旅应用试点示范，探索在有条件的地市开展"一江两岸"低空游览观光，推动开通郴州—韶关—佛山的跨省文旅航线。依托飞行营地、航空小镇、通用机场，提供航空研学服务。支持各地承办无人机相关全国性或区域性赛事活动。利用举办第十五届全运会等重大活动的契机,推动低空示范应用。(省文化和旅游厅、省体育局牵头,民航中南地区管理局、民航中南空管局配合)

五、提升低空产业创新能力

(十二)加强关键核心技术攻关。紧密结合低空产业基础和应用需求,对标国际领先水平,加快推动整机、关键零部件、基础软件、低空服务等领域关键技术升级。聚焦 eVTOL 等新型航空器,开展高能量密度航空动力电池技术、高功重比航空电推进技术、高可靠性智能控制技术,适航安全性设计、高效率气动布局设计、空域网格时空建模和精细智能管理等自主可控技术协同攻关。强化装备安全技术研究,重点突破电池失效管理、坠落安全、数据链安全、抗风扰控制等技术,提升空域精细化管理、空管信息、低空反制等技术的研发能力。(省科技厅牵头,省发展改革委、省工业和信息化厅配合)

(十三)前瞻布局前沿技术研究。推动航空固态电池、氢燃料电池、可持续航空燃料等动力技术的商业化,以未来低空产业应用和运行场景为驱动,依托高校、科研院所、头部企业开展前沿引领技术、颠覆性技术布局,加强大模型等人工智能技术在智能控制算法及飞行器自主飞行决策领域的应用。(省科技厅牵头,省发展改革委、省工业和信息化厅配合)

(十四)打造国家级产业创新平台。聚焦低成本、高性能、高可靠性的规模化通航装备和技术攻关,打造国家级低空经济产业创新平台。围绕总体、系统、软件、元器件、材料等重点领域,推动各类省级创新平台加大研发布局。建设涵盖概念、设计、工艺、适配、适航、系统验证等全方位、开放式、全生命周期的中试平台。打造前瞻趋势研究、高端人才引

培、深度策略分析、全面决策支持的高端智库。(省发展改革委、省科技厅、省工业和信息化厅按职责分工负责)

六、打造世界级低空制造高地

(十五)支持企业做大做强。壮大一批竞争力强、成长性好的专精特新企业和制造业单项冠军企业,支持我省低空飞行器整机研发制造头部企业做大做强,加快产品适航取证及商业化运营进程。重点瞄准中大型无人机和eVTOL等新型飞行器整机制造,打造远中近结合、高低速互补、固定翼旋翼兼具的低空飞行器产品体系。充分发挥头部企业和单项冠军企业的行业引领带动作用,激发低空产业发展的创新活力,推动产业链上下游企业协同发展。(省工业和信息化厅牵头,省科技厅、民航中南地区管理局配合)

(十六)促进产业链协调发展。推动低空产业链内部各环节深度融合,支持整机企业与零部件企业加强协作,增强产业链韧性和安全水平。推动新能源汽车、高端装备制造、新一代电子信息等优势产业与低空经济产业跨界融合发展,在飞控系统、动力系统、任务载荷、无人机管控平台、低空反制系统等领域提升产业链配套能力。促进低空基础设施相关产业发展,支持通信、导航等领域优势龙头企业提供系统集成解决方案,抢占低空经济市场机遇。(省工业和信息化厅牵头,省科技厅、民航中南地区管理局配合)

(十七)强化企业创新能力。鼓励企业牵头组建新型研发机构、产业创新中心、工程研究中心、制造业创新中心、企业技术中心等低空经济领域产业创新平台。支持企业聚焦低空经济发展重大需求,积极参与低空经济领域国家科技重大专项,鼓励企业承担国家、省、市级相关科技项目。支持企业深化与国内外高校、科研院所等创新主体合作，通过联合共建研究开发平台、技术创新联盟、创新联合体等形式，加强产学研深度融合，加速科技成果转移转化。（省科技厅牵头，省发展改革委、省工业和信息化厅配合）

（十八）招大引强加速产业集聚。依托广州、深圳、珠海三个低空经济核心城市强化引领支撑，发挥佛山、江门、惠州、东莞、中山等市制造业配套优势，推动粤东、粤西、粤北地区因地制宜打造低空应用场景，培育具有全球竞争力的低空经济产业集群。建设广东省低空经济产业大脑，梳理全省低空经济产业链企业和基础设施清单，绘制产业链图谱，开展精准招商。聚焦低空飞行器整机及关键零部件的研制和规模化应用，重点招引一批具有重要影响力的头部企业。打造差异化发展的低空经济特色产业园区，促进产业集聚发展。支持广州、深圳等市创建国家低空经济产业综合示范区。（省发展改革委、省工业和信息化厅牵头，省商务厅、省政务服务和数据管理局配合）

（十九）加强海内外开放合作。支持低空产业链上下游企业抱团合作开拓国内外市场，输出低空产业系统解决方案，鼓励跨国公司、国外科研机构等在我省建设前沿技术研发中心，支持相关企业在海外布局开展研发设计、飞行验证和适航取证业务，持续扩大国际市场优势。加强与京津冀、长三角、成渝等地区协同，促进产业资源共享。（省发展改革委、省科技厅、省工业和信息化厅、省商务厅按职责分工负责）

七、推动支撑体系建设

（二十）完善法规标准体系。研究制定《广东省低空经济促进条例》，明确相关参与方主体职责，推动低空空域划设与使用、飞行服务、安全监管、产业培育等规范化发展。支持企业、高校、科研院所等参与国家、行业、地方、团体的相关标准制修订。（省发展改革委、省人大常委会法工委牵头，省工业和信息化厅、省司法厅、省市场监管局、民航中南地区管理局、民航中南空管局配合）

（二十一）强化检验检测和适航审定能力。提高低空检验检测水平，建立健全覆盖低空经济全产业链的检验检测体系。支持中国民航适航审定中心广州航空器审定分中心提升适航审定能力和取证效率，争取升级为国家eVTOL航空器适航审定中心。鼓励深圳在无人机适航审定方面探索开展体制机制创新。（省市场监管局、民航中南地区管理局按职责分工负责）

（二十二）构建低空安全监管体系。建立健全低空经济产业安全保障相关制度，严格规范空域使用、飞行活动、设备制造等活动环节。加强对低空飞行器设计、生产、进口、飞行和维修等活动的规范化管理。（省工业和信息化厅、省公安厅、省市场监管局、民航中南地区管理局按职责分工负责）

（二十三）夯实人才队伍基础。编制出台省级低空经济产业人才支持专项政策。精准引进、培养低空领域行业领军人才、科技创新团队等多类型人才，将适航审定、通航服务类别等专业技术人才列入省级人才计划。支持省内高校和职业院校加快推动低空产业相关学科专业建设。支持开展无人机操控、通航飞行等业务培训。组建省低空经济产业研究院，开展低空经济产业发展战略研究和咨询服务。（省委组织部、省发展改革委、省工业和信息化厅牵头，省科技厅、省教育厅、省人力资源社会保障厅、民航中南地区管理局、民航中南空管局、省通信管理局配合）

（二十四）强化金融服务支撑。通过政府投资基金等方式支持低空产业发展，探索通过市场化方式组建专项基金，引导更多资金投向低空经济重点领域。引导天使投资机构对初创企业进行股权投资，支持重点企业通过境内外资本市场进行股权融资和债券融资。支持头部企业以市场化方式实施并购重组，推进行业整合升级。支持发展通用航空装备融资租赁服务，探索构建科技保险服务机制。积极争取国家相关资金支持，多渠道助力企业和项目创新发展。（省委金融办、省财政厅、国家金融监管总局广东监管局、广东证监局牵头，省发展改革委、省国资委配合）

八、保障措施

（二十五）加强统筹协调。成立广东省推动低空经济高质量发展工作专班，由省领导任召集人，加强对全省低空经济发展统筹协调，推进低空经济重大项目建设，强化工作任务督导。工作专班办公室设在省发展改革委，承担专班日常工作，负责协调联系军民航管理部门，各相关单位和地市派员参加专班办公室工作。组建省低空经济产业发展有限公司（省低空综合服务中心），在省工作专班领导下，承担低空空域管理协同运行和低空飞行管理服务统筹工作，运营管理省级低空飞行综合管理服务平台，负责统筹全省城际间低空基础设施投资、运营和管理，统筹全省通航飞行的通信、导航、监视设施的建设运营等。（省发展改革委牵头，省国资委、省科技厅配合）

（二十六）强化省市协同。建立省市联动工作机制，省有关部门加强统筹，指导有条件的地市开展低空基础设施建设。各地市负责具体推进低空基础设施建设和运营管理。支持社会资本参与低空基础设施建设与运营。扩大低空经济领域政府购买服务的范围，探索政府部门通过购买服务方式，加强低空基础设施运营管理。（省各有关部门、各地级以上市人民政府按职责分工负责）

（二十七）加大政策支持。围绕低空空域协同运行、数字低空、低空安全保障、低空生产监管等领域持续完善省级配套政策，构建省低空经济发展"1+N"政策体系。强化财政资金支持力度。支持低空经济产业重大建设项目优先列入省重点建设项目计划，为重大项目建设提供全流程服务。充分发挥首台（套）重大技术装备政策作用，推动我省低空经济重大技术装备应用推广。（省发展改革委、省工业和信息化厅、省财政厅、省交通运输厅、省政务服务和数据管理局、民航中南地区管理局按职责分工负责）

（二十八）加强统计和督导。建立适应低空经济发展的统计机制，研究确定低空经济相关产业分类标准，制定低空经济统计指标体系。加强低空经济统计监测结果的综合应用。强化低空经济发展重点工作督导。（省发展改革委、省统计局按职责分工负责）

（二十九）营造良好氛围。组建省低空经济产业联盟，加强省内外、行业内外合作交流，定期组织召开供需对接会。持续扩大珠海国际航空航天博览会、珠海亚洲通航展等重要平台的影响力，打造国内一流、国际知名的交流合作平台。充分发挥媒体作用，开展航空科普教育，提升公众对低空经济的认知度和接受度。加强产业政策、典型案例宣讲，优化低空经济健康发展的舆论环境。（省委宣传部、省发展改革委牵头，省文化和旅游厅配合）

附录 B

广州市推动低空经济高质量发展若干措施

为贯彻落实中央经济工作会议精神，以及《国家综合立体交通网规划纲要》《广东省推动低空经济高质量发展行动方案（2024—2026年）》，加快培育壮大低空经济主体，推动完善低空基础设施、低空科技创新环境和低空多场景应用，促进低空经济及关联产业高质量发展，结合我市实际，制定本措施。

一、培育壮大低空经济主体

（一）支持低空经济总部企业。对本市低空经济领域总部企业，根据广州市总部经济政策给予扶持。对于研发制造类企业，上一年度营业收入达到1亿元以上等相应条件可认定为总部企业，每家企业每年奖励最高不超过100万元，并给予总部企业人才户籍、人才绿卡、人才公寓、子女入园入学、办税绿色通道、政务服务、粤港粤澳通行等各方面保障。（牵头单位：市发展改革委、市财政局）

（二）鼓励低空整机研发、制造、运营和检验检测能力建设项目。对在本市建设的载人电动垂直起降航空器（eVTOL）、飞行汽车、通航飞行器、非载人无人机等飞行器整机研发、制造、运营及检验检测能力建设项目，固定资产投资额5亿~100亿元（不含）的项目，市财政按固定资产投资额的2%予以扶持；固定资产投资额达100亿元及以上的重大项目，市财政按固定资产投资额的5%予以扶持（不含省级、区级扶持资金）。（牵头单位：市发展改革委、市财政局）

（三）鼓励重点产业配套项目。大力培育低空关键设备、核心零部件、材料研制企业，支持主控芯片、动力系统、飞控系统、通信导航监视系统、机体、航电系统、关键材料，以及无人机反制等制造项目在本市建设。对固定资产投资额 5 亿～100 亿元（不含）的项目，市财政按固定资产投资额的 2%予以扶持；固定资产投资额达 100 亿元及以上的重大项目，市财政按固定资产投资额的 5%予以扶持（不含省级、区级扶持资金）。

支持低空关键设备、核心零部件、材料、软件企业开展产品研发和推广应用，积极申报首台（套）重点技术装备、新材料首批次、软件首版次项目，对符合条件的产品按相关政策给予财政资金奖励。（牵头单位：市工业和信息化局、市财政局）

（四）加大力度培育低空领域优质企业。统筹用好省市资金，支持载人电动垂直起降航空器（eVTOL）、飞行汽车、无人机整机及配套企业申报国家级专精特新"小巨人"、制造业单项冠军。奖励资金实行"免申即享"。（牵头单位：市工业和信息化局、市财政局）

二、建设低空基础设施

（五）加快低空基础设施建设。发挥财政资金引导作用，规划建设适应低空飞行器航线需要的枢纽型起降场、垂直起降点、无人机试飞场地、自动值守机库、无人机起降机柜等。鼓励企业参与建设低空智联网，以及航空器起降、备降、停放保障基地和公共测试场地等，为项目审批开通绿色通道。支持有条件的轨道交通站场、码头、公交站场、高速公路服务区参与低空基础设施建设改造。符合条件的项目支持申报地方政府专项债、超长期国债和政策性金融工具，并列入市重点项目绿色通道。（牵头单位：广州空港经济区管委会、市发展改革委、市住房城乡建设局、市规划和自然资源局）

三、加大低空科技创新力度

（六）支持关键核心技术研发。鼓励本市科研机构及企业聚焦低空产业核心零部件研发制造、软件开发、服务应用等领域开展关键技术攻关，积极承接国家、省重大科技攻关任务。支持龙头企业联合产业链上下游中小企业、高校、科研院所组建创新联合体，组织实施一批市重大科技项目，获得立项的给予不超过1000万元资助。（牵头单位：市科技局、市财政局）

（七）支持企业申请适航审定。对在本市从事研发和生产制造并开展适航审定的企业，获得中国民用航空局颁发的有人或无人驾驶航空器型号合格证（TC）和生产许可证（PC）的，对最大起飞重量超过150千克的大型载人无人驾驶航空器，市财政一次性资助1500万元；大型载物无人驾驶航空器，按型号市财政一次性资助150万元。政策有效期内每家企业资助不超过1500万元。（牵头单位：市发展改革委、市财政局）

（八）支持打造高端创新载体和创新联盟。鼓励各类企业、高等院校、科研机构加强低空经济高端创新载体建设，积极建设国家部委（局）认定的低空领域国家重点实验室、国家工程研究中心等平台。支持组建低空经济创新联盟，鼓励联盟内企业开展产业协作。（牵头单位：市科技局、市发展改革委、市工业和信息化局、市市场监管局、市教育局，广州空港经济区管委会）

（九）鼓励开展低空经济标准规章制定。鼓励本市低空经济企业或机构牵头或参与起草低空空域管理、低空运营管理、低空服务保障管理等方面的国际标准、国家标准、行业标准、地方标准和行业规章。对已公开发布实施的标准，按照《广州市质量发展与标准化战略专项资金管理办法》予以支持。（牵头单位：市市场监管局，配合单位：市相关行业主管部门）

（十）促进低空经济科技成果转化。支持低空经济领域相关企业、高等学校、科研机构设立专业性技术转移机构，推动科技成果落地转化。发挥科技资金引导作用，通过项目补偿、风险补偿、投贷联动等方式支持低空经济科技成果转化。（牵头单位：市科技局、市工业和信息化局）

四、拓展低空经济应用场景

（十一）支持开设载人无人驾驶应用场景航线。鼓励企业提供市内交通类、城际交通类低空飞行器载人飞行服务。对于开通并取得主管部门审批，起终点至少一个在广州市并实施常态化运营的载人无人驾驶应用场景航线，单条航线年度最高补助 100 万元，单个企业年度补助不超过 200 万元。（牵头单位：市交通运输局、市财政局）

（十二）支持开设货运应用场景航线。拓展低空货物多式联运创新场景，推动低空应急及医疗救援体系、无人机+智慧物流场景落地。对于开通并取得主管部门审批，起终点至少一个在广州市并实施常态化运营的低空货运应用场景航线，单条航线年度最高补助 50 万元，每个企业年度补助不超过 200 万元。（牵头单位：市交通运输局、市商务局、市财政局）

（十三）鼓励开展低空服务业务。鼓励民办机构积极开展无人机驾驶员、无人机装调检修工等低空经济领域相关工种的培训。支持企业、院校和社会培训评价组织申请备案低空飞行行业职业工种认定，并开展相应等级认定工作。（牵头单位：市人力资源社会保障局）

（十四）鼓励扩大公共服务领域应用。发挥政府购买公共服务的引导作用，统筹本市农业、林业、环保、应急、自然资源、气象、水利、公安、交通等多个领域的低空飞行服务需求，支持拓展无人驾驶航空器在警航、城管巡查、执法取证、医疗救助、森林灭火、城市消防、应急救灾、国土测绘、交通指挥等公共服务领域的应用。（牵头单位：市政务服务和数据管理局）

（十五）鼓励开展低空旅游、航空运动业务。支持航空运营企业开发低空旅游和航空运动项目。对于使用起飞重量超过 150 千克的大型载人无人驾驶航空器、年度飞行服务 2000 架次以上用于旅游、体育的示范项目进行补助，单条航线年度最高补助 50 万元，每个企业年度补助不超过 200 万元。（牵头单位：市文化广电旅游局、市体育局、市财政局）

五、加强相关要素保障

（十六）加强低空人才保障。鼓励本市有条件的高校积极开设低空相关专业、培养和输送行业人才。加大对国内外低空领域高端人才和团队引进力度，培育低空经济重点方向高级技工人才，组织企业开展产业人才专场招聘。推动本市人才政策在低空经济领域落地。（牵头单位：市人力资源社会保障局、市教育局、市科技局、市工业和信息化局）

（十七）加强低空经济投融资支持。启动广州低空产业百亿授信，引导政府各类产业基金设立低空经济子基金。（牵头单位：市国资委、市财政局）

鼓励金融机构创新金融产品服务，组织精准、高效、便捷的融资对接服务，提高间接融资效率。（牵头单位：市委金融办）

（十八）加强低空制造业用地保障。规划建设低空经济产业集聚区，并评选示范园区。聚焦"工改工"，鼓励存量低效用地盘活利用、旧厂房改造升级，为企业或机构入驻提供适配性强的工业厂房。（牵头单位：各区政府，配合单位：市发展改革委、市工业和信息化局、市住房城乡建设局、市规划和自然资源局）

（十九）鼓励开发低空经济保险。支持保险机构开发适用于低空航空器以及运载标的的专门险种，建立低空保险快速理赔服务绿色通道。鼓励相关企业、社会组织联合设立低空安全保障基金，因低空飞行器遭受人身、财产损失不能及时赔付的，由低空安全保障基金预先支付保障。（牵头单位：市委金融办）

（二十）加强低空经济服务保障。建设低空飞行综合管理服务平台，为企业提供飞行任务申请协助、飞行空域和飞行计划协调审批、航空气象、应急救援、动态监控等服务，实现低空飞行器活动"一网受理、一网通办"。鼓励律师事务所依法提供低空领域相关法律服务，探索低空领域纠纷解决机制和路径。（牵头单位：广州空港经济区管委会、市司法局）

六、附则

本措施所称低空经济相关企业，是指具有独立法人资格，主营业务为通用航空、无人驾驶航空器整机及零部件制造、低空飞行、运营及保障等低空经济产业链条相关企业。所称小型、中型、大型无人驾驶航空器等概念与《无人驾驶航空器飞行管理暂行条例》保持一致。同一类型市、区均有奖励措施并已享受政策的不重复奖励。

附录 C

深圳市支持低空经济高质量发展的若干措施

为贯彻落实市委、市政府关于"20+8"战略性新兴产业集群、未来产业发展的规划部署和建设低空经济中心的总体要求，抢抓低空经济产业密集创新和高速增长的战略机遇，推动低空经济产业集群高质量发展，特制定本措施。

一、引培低空经济链上企业

（一）吸引低空经济企业落户。对新落户（在本市经营不满 1 年）的低空经济企业，经营范围为 eVTOL（电动垂直起降航空器）及大中型无人驾驶航空器整机研发制造、核心零部件研发制造与商业运营等，实缴注册资本规模 2000 万元以上（含本数），经与市政府或落地区政府签订合作协议，承诺第二年纳入本市统计核算的产值规模（营业收入）不低于 4000 万元的，在其完成第二年承诺时按实缴注册资本的 5%给予不超过 2000 万元的落户奖励。同时，采用市区联动方式，对新落户企业在空间保障、场地建设、设备购置、人才引进等方面予以综合支持。[责任单位：市工业和信息化局、市交通运输局、市发展改革委、市财政局、各区政府（含大鹏新区管委会、深汕特别合作区管委会，下同）]

（二）支持低空经济企业增资扩产。对低空经济企业新增项目总投资额达到 5 亿元以上的重大工业投资项目或上市公司本地工业投资项目，按不超过项目实际发生的固定资产总投资费用的 20%，给予不超过 5000 万元的资助。（责任单位：市工业和信息化局、市财政局）

鼓励各区政府加大对本市低空经济企业增资扩产的空间保障力度。（责任单位：各区政府）

（三）支持低空经济企业技术改造。鼓励低空经济企业实施高质量的技术改造，提高企业智能化、绿色化、融合化发展水平，按照项目总投资额的一定比例分类分档予以资助。加大对技术改造项目银行贷款、融资租赁等的贴息力度。（责任单位：市工业和信息化局、市财政局）

（四）强化重点企业支持。强化空间、技术、资金、人才、数据、用能等关键要素高效精准供给，鼓励符合条件的低空经济企业申报国家高新技术企业、专精特新中小企业认定。综合运用信贷、债券、融资担保、产业基金等多种工具，加强金融供需方的精准匹配，支持低空经济领域专精特新"小巨人"、制造业单项冠军、隐形冠军等企业的培育发展。（责任单位：市工业和信息化局、市财政局、市科技创新委、市地方金融监管局、各区政府）

（五）加快推动载人 eVTOL 等低空航空器产业化。加速载人 eVTOL、飞行汽车等应用产品产业化发展。对研制载人 eVTOL、飞行汽车并实现销售的在深圳实际从事相关经营活动的低空经济企业，给予一定比例销售奖励。（责任单位：市工业和信息化局、市财政局）

二、鼓励企业技术创新

（六）鼓励产业关键技术研发。聚焦航空器系统和飞行保障领域，鼓励行业上下游联合高校、科研院所开展关键核心技术攻关，支持在本市经营的低空经济企业主要围绕航空器本体软硬件能力、低空飞行保障相关技术推进研发。获得立项的给予不超过 3000 万元资助。（责任单位：市科技创新委、市工业和信息化局、市财政局）

（七）支持科技成果转化与推广应用。对于符合条件的首台（套）设备、首版次软件，按照一年内产品实际销售总额的 30% 给予不超过 1000 万元资助。将市场占有率位居前列的企业纳入制造业单项冠军企业库，对获得国家级或深圳市级制造业单项冠军企业称号的，给予不超过 200 万元的一次性奖励。（责任单位：市工业和信息化局）

（八）支持 eVTOL 航空器和无人驾驶航空器适航取证。对获得中国民用航空局颁发的 eVTOL 航空器和无人驾驶航空器型号合格证和生产许可证，并在本市经营的低空经济企业给予奖励。其中 eVTOL 航空器 1500 万元，大型无人驾驶航空器 500 万元，中型无人驾驶航空器 300 万元。每个企业每年资助不超过 3000 万元，同一型号仅奖励一次。（责任单位：市交通运输局、市工业和信息化局、市财政局）

三、扩大低空飞行应用场景

（九）鼓励做大低空物流市场规模。对在深圳开通低空物流配送新航线（起点或终点至少一个在深圳市内）的低空经济企业给予奖励。其中：

1. 小型无人驾驶航空器：取得行业主管部门审批并常态化运营（每年完成 5000 架次以上）的航线，每条新开航线给予一次性奖励 20 万元。首年企业年运营每增加 2 万架次给予 40 万元奖励。次年开始，对于企业新开航线、同比上一年总飞行架次增量部分按相同标准给予奖励。

2. 大中型无人驾驶航空器：取得行业主管部门审批并常态化运营（每年完成 1000 架次以上）的航线，每条新开航线给予一次性奖励 35 万元。首年企业年运营每增加 2 万架次给予 80 万元奖励。次年开始，对于企业新开航线、同比上一年总飞行架次增量部分按相同标准给予奖励。

以上两项奖励每个企业每年合计不超过 2000 万元。（责任单位：市交通运输局、市财政局）

（十）鼓励开通通航短途运输航线。对在深圳开通、取得行业主管部门审批且在公开渠道售票的通航短途运输航线并常态化运营的低空经济企业给予奖励。其中：

1. 境内航线（起点或终点至少一个在深圳市内，航线距离不低于 25 千米）：首年每条境内航线（年度执行不少于 100 架次）一次性奖励 30 万元；企业飞行架次每增加 100 架次，给予 30 万元奖励。次年开始，对于企业新开航线、同比上一年总飞行架次增量部分按相同标准给予奖励。每个企业年度奖励不超过 600 万元。

2. 深港跨境航线：每条深港跨境航线一次性奖励 100 万元；企业飞行架次每增加 100 架次，给予 50 万元奖励。（责任单位：市交通运输局、民航深圳空管站、市财政局）

（十一）培育城市空中交通新业态。对取得行业主管部门审批的深圳首条 eVTOL 商业航线运营企业，给予一次性奖励 100 万元。为鼓励低空载客运行向清洁能源方向发展，参照境内通航短途运输航线奖励标准，对 eVTOL 商业运行航线、架次给予奖励。（责任单位：市交通运输局、民航深圳空管站、市财政局）

（十二）鼓励拓展多领域应用。鼓励市区各单位将低空应急救援、医疗救护等公共服务，以及智慧巡检等政府履职辅助性服务，在市本级指导性目录项下纳入本单位政府购买服务四级目录管理。鼓励企业拓展无人驾驶航空器、直升机、eVTOL 在电力巡线、港口巡检、航拍测绘、农林植保等领域的商业化应用，开发空中游览、编队表演等服务项目。举办全国性创新示范应用大赛和无人驾驶航空器竞速等飞行赛事。推动低空飞行与轨道、机场等开展联运，不断丰富低空经济新业态。（责任单位：市公安局、市规划和自然资源局、市生态环境局、市住房建设局、市交通运输局、市水务局、市应急管理局、市国资委、市城管和综合执法局、市卫生健康委、市工业和信息化局、市文化广电旅游体育局、各区政府）

四、完善产业配套环境

（十三）支持开展低空基础设施建设。鼓励各区以补投结合为原则，推进低空基础设施建设。结合我市极速先锋城市建设，同步推进 5G-A 应用示范、卫星通信创新应用等信息基础设施建设。支持有条件的区建设通用航空运行保障基地，建设无人驾驶航空器公共测试场和 eVTOL 及大中型无人驾驶航空器枢纽起降场。对社会投资的公共无人机测试场、起降场、通信、导航、监视等公共基础设施建成并实际运营的给予一次性资助。（责任单位：各区政府、市工业和信息化局、市交通运输局、市财政局）

（十四）汇聚低空经济高端人才。大力引进全球低空领域高层次人才，对顶尖人才提供事业平台、科研经费、团队支持、生活保障等一揽子"政策包"。支持符合条件的低空经济高端人才申报深圳市产业发展与创新人才奖，最高奖励 150 万元。对在深圳工作的境外高端人才和紧缺人才，符合条件的，按内地与香港个人所得税税负差额给予补贴。鼓励持有境外"高含金量"职业资格的专业人士来深创新创业，将权威低空经济领域境外职业资格证书纳入我市职称比照认定清单。（责任单位：市科技创新委、市工业和信息化局、市人才工作局、市人力资源和社会保障局）

（十五）支持打造高端创新载体。鼓励各类企业、高等院校、科研院所在我市建设低空经济领域创新型研究机构，对落地深圳的国家重点实验室、国家工程研究中心、民航重点实验室等给予财政资金支持。其中国家重点实验室、国家工程技术研究中心按照我市现有政策给予奖励；符合条件的民航重点实验室，按照不超过项目投资额的 30%，给予不超过 1000 万元奖励。同时，采用市区联动方式，在场地建设、设备购置、科技研发、人才引进等方面予以综合支持。（责任单位：市交通运输局、市科技创新委、市工业和信息化局、市财政局、各区政府）

（十六）鼓励开展低空经济标准规范制定。鼓励在深圳实际从事相关经营活动的科研机构、行业协会、产业联盟、企业等牵头制定并发布低空制造、低空应用、低空保障等领域的国际标准、国家标准、行业标准、地方标准，经认定，分别对应给予 100 万元、50 万元、30 万元、20 万元奖励。每个申报主体年度奖励累计不超过 500 万元。（责任单位：市市场监管局、市交通运输局、市工业和信息化局、市财政局）

（十七）发挥国企作用加大国资投入。加大公共基础设施供给。鼓励市区政府积极盘活存量土地资源，支持社会资本参与低空飞行基础设施建设运营，鼓励社会资本建设的低空飞行基础设施向社会开放共享。（责任单位：市国资委、市交通运输局、市规划和自然资源局、各区政府）

（十八）发挥政府专项资金和投资引导基金作用。设立面向低空经济产业集群的专项资金，建立专项资金引导基金联动机制。成立低空经济产业基金，引导和推动存量子基金支持低空经济产业项目投资。积极争取国家级制造业基金注入，充分发挥基金投资优势，引进具有核心技术竞争优势的企业落户深圳，积极利用产业基金等资金渠道开展产业并购，推动产业加快发展。（责任单位：市工业和信息化局、市财政局、市地方金融监管局）

（十九）创新低空经济金融服务。鼓励金融机构开发面向低空经济产业的纯信用、低成本信贷、中长期技术研发、技术改造等贷款等产品。鼓励保险公司开发针对物流、载人、城市管理等低空商业应用险种，扩大无人机保险覆盖范围和商业场景契合度，建立风险覆盖广泛的无人机保险服务体系。（责任单位：市地方金融监管局）

（二十）支持交流推广活动。支持我市低空经济领域企事业单位、协会、高校、科研院所在深举办低空经济峰会、高端展会、学术会议，提升低空经济深圳影响力。对以市政府名义在深圳主办的会议、论坛和展览，按专业审计机构专项审计确认为实施该项目实际发生的总投资费用给予全额资助，不超过 300 万元。对以社会机构名义主办的会议、论坛和展览，按经专业审计机构专项审计后确认该项目实际发生的总投资费用的 20%给予资助，不超过 300 万元。（责任单位：市交通运输局、市工业和信息化局）

五、附则

本措施所称低空经济企业，是指具有独立法人资格，主营业务为通用航空、无人驾驶航空器研发制造、低空飞行、运营及保障等低空经济链上企业。所称小型、中型、大型无人驾驶航空器等概念与国务院、中央军委颁布的《无人驾驶航空器飞行管理暂行条例》保持一致。

本措施与本市同级其他同类优惠措施，由企业自主选择申报，不重复奖励。不接受被信用中国、信用中国（广东）、信用中国（广东·深圳）等三家公共信用机构披露，列入失信联合惩戒黑名单以及失信被执行人名单的市场主体的申报。若申报单位弄虚作假骗取奖励、资助的，相关部门应当收回奖励、资助资金，并依法追究法律责任。

　　本措施由深圳市低空经济发展工作领导小组办公室负责解释，各责任单位应当结合分工及时制定出台实施细则或操作规程，鼓励各区政府（含大鹏新区管委会、深汕特别合作区管委会）出台低空经济协同配套政策。需超过相应条款中奖励资助上限的，按照"一事一议"方式确定。

后记（一）

本书即将付印，在此首先要感谢全国政协原副主席张梅颖一直以来对我的关心和鼓励，支持我持续推动 3D 打印、机器人与人工智能等新兴科技领域的研究，促进传统产业转型升级；梅颖主席对新兴科技特别重视，深知国家强大必须科技先行，总是竭尽所能支持我开展产业研究、国际交流和科学普及等工作；同时，梅颖主席对四川老乡也特别厚爱，总是勉励我们奋发有为，做国家有用之才。

我过去的资源主要集中在 3D 打印、机器人、人工智能等新兴科技领域，对民用航空这个圈子其实并不是很熟悉。这个圈子长期以来比较"封闭"，与外界接触也不是很多。我虽然曾经推动过通用航空产业发展，认识一些企业的负责人，那也是很多年前的事情了，很多公司高层早就换了几轮了。这次能够顺利发起成立中国低空经济联盟，认识航空界的这么多领导和企业界人士，要感谢中国民用航空局及工业和信息化部领导的鼓励和大力支持。他们认为"低空经济发展初期，需要有人站出来为国家低空经济发展做些事情"。行业起步期应该有一个联盟来牵头，一盘散沙，不利于行业发展。联盟带领大家率先从应用场景中寻找突破口，打造一批可以快速复制的场景模式，低空经济就能看得见、摸得着。他们还鼓励行业要抱团发展，充分激发市场活力。

感谢中国低空经济联盟各位创始成员，是大家的积极参与给了我无限动力，从此我们都是"低空经济人"。

感谢电子工业出版社和徐蔷薇编辑的支持，使本书能够快速得到出版发行。

最后要感谢家人的理解和支持。三年新冠疫情，改变了太多太多，家人付出了太多太多。

没想到十年后的今天，我能再次冲到新兴科技、新经济的前沿，为一个新兴行业奔走，牵头组建一个联盟，搭建一个全球的对话平台，写一本书。这"老三样"，看起来与我过去推广 3D 打印、机器人的模式十分相似，却是推动一个新兴行业非常重要的"三部曲"。

其实，我已经有自己的企业，也做产业研究，再做这些事情，让人感觉有点"吃力不讨好"。当前的低空经济，各个地方看起来红红火火，却面临基础设施和配套设施不完善，空中指挥平台和管理平台不健全的问题，空中飞什么，如何才能形成常态化运营？这个时候的确需要有人站出来把大家聚集起来，为行业发展做些事情。通过对话交流，出主意，想办法，这就是联盟最基本的作用。

当前，我国经济处于重要的历史转折点，改革和创新是永恒的主题。低空经济是少数同时能够撬动第一、二、三产业的新经济业态，迫切需要社会各方面的大力支持和参与。

2024 年，尽管各级政府都铆足劲拼经济，但是有些地方的情况并不乐观。深圳、广州、苏州这样的城市都缺钱了，说明地方财政真是遇到困难了，而且大量的中小民营企业特别艰难，很多有钱的老板变得没钱了，东莞一带不少制造业企业倒闭。一部分传统制造业没有跟上转型的步伐，破产了；另一部分传统制造业则是在三年新冠疫情的影响下，在全球供应链发生重大变化后，丢掉了过去的市场；还有一部分传统制造业企业因为商业模式和社会需求格局发生了重大变化，被淘汰了。

一部分有钱的人变得没钱了，一部分没钱的人却突然变得有钱了。怎么也不敢相信，几个年轻人一夜之间成为"网红"，一夜之间直播带货超过亿元，一年收入就达到上亿元。这个模式真是难以看懂，一夜之间就可以速成一批"网红"出来，上个直播矩阵就可以疯狂地点赞，不断地播发。要说哪儿不对，好像也说不出来。要说哪儿标新立异，但又觉得怪怪的。直播带货的方式也是五花八门，很多人就是搞不懂居然有那么多所谓的"粉丝"买买买，这究竟是哪门子学问？

要是有他们这个本事，我在广东佛山投资的兰湾智能科技公司开发的兰湾 3D 打印定制鞋垫，早就可以做到上百亿元了。随着人们消费水平的升级，对身体健康的重视，3D 打印定制鞋垫进入家庭必然受欢迎。一是解决扁平足、高弓足的矫正问题；二是作为马拉松、网球、足球、篮球等运动群体重要的运动保护装备，可以预防运动损伤，快速分解足部压力；三是针对中老年人骨质疏松、足弓塌陷，定制鞋垫可以起到很好的支撑作用，走路不累，大力提升生活品质；四是高收入群体，穿上定制鞋垫冬天脚不凉，夏天不生汗。多好的产品，多大的市场啊。我国有 14 亿多人，哪怕百分之一、千分之一的人购买，都是几百亿元的规模。这些年，我在创办企业的过程中突然发现一个道理：小产品、大市场、现金流很重要。过去我总喜欢机器人、人工智能等"高大上"的东西。有一次，我去青岛一个年轻人的公司参观，他是做充电宝的。我刚开始还瞧不起，觉得现在手机的电池可以用一两天，充电宝没有市场。后来，这个年轻人给我讲，他已经在全国布局 450 万个点，每个点每天贡献 1 元收入，每天现金流就有 450 万元。这件事情给了我很深的触动。我才明白做企业重要的不是什么"高大上"的产品，而是看得见的市场和现金流。

这些年，我一直把"小产品、大市场、现金流"的理念铭记在心中。其实，兰湾智能科技公司在全球 3D 打印领域的口碑和影响力都非常不错。由于我代表联盟致力于推动 3D 打印在应用端突破，首先着手创建公共服务平台，以促进 3D 打印在工业领域、医疗健康领域的应用。在这个过程中，我逐渐选择这个细分产品的。兰湾智能科技公司是国家公共服务平台，为全球很多科研机构和企业做研发验证和解决方案，70%左右的订单都是欧美发达国家的订单，利润也大都保持在 70%左右。但是，这方面业务很难做大，我要求公司团队研究、探索如何选择一个精准的应用领域作为切入点，实现小产品、大市场的目标。

我们经过多轮的讨论、分析、验证，最终决定选择定制鞋垫这个赛道。在这之前，3D 打印定制牙套已经得到了广泛应用，出现几家上市公司，而且业务已经成熟，我们再去追赶，估计也不容易。还不如重新选择一个赛道，从定制鞋垫开始。我们早在 2020 年前后就开始涉足定制鞋垫的研发和体系建设，投入也不少，一直坚持下来。现在，产品拿到了医疗器械认证、医保收费编码，开始在五十多家三甲医院推广应用。2024 年已经有江苏、浙江、广西、辽宁、湖北、上海等几个省市的总代理开始在各个省市"挂网"，之后就会大力推广。预计，2024 年至少会有上百家"三甲"医院推广我们的产品。未来三年，我们的目标是至少超过 1000 家"三甲"医院推广我们的产品。如果每家医院平均每天有 10 双的订单，那么每天就有 1 万双的订单，每天现金流就有四五百万元。

后记（一）

在现实生活中大概 30%的人有扁平足、高弓足，一双鞋垫穿半年，就要更换新的，鞋垫已成为生活必需品。尽管这几年遇到了一段非常艰难的日子，也没有改变我对定制鞋垫的认识，坚定地挺过来了。下一步，我还要将全国上万家高端足浴店市场开发出来。最近，不知道美国旧金山、纽约、洛杉矶几个城市的客户是如何找到我们的，他们将兰湾智能科技公司的定制鞋垫推进到美国医疗市场和运动市场。通过将近两个月的试用，反馈非常不错。

从我的这段经历来看，无论做什么产品，进入什么领域，包括低空经济，都要沉下去做细分市场，选择任何一个切口进入，都是非常大的市场。毕竟我国人口基数很大，刚需客观存在。

有很多朋友想找我给他们推荐低空经济领域的好项目，很快就能赚到钱的。其实，真不好推荐。每个领域都需要专业技能，都需要投入，都需要团队；每个领域竞争都非常激烈，最好是与行业内的龙头企业合作。

现在的网约车司机，有些是开着自己的私家车，有些是租车；有些是专业的司机，还有不少是民营企业老板、上班的职员在兼职。微信朋友圈前段时间转发得比较多的是一个公司倒闭后，原来的中层干部利用下班时间开着自己的车"跑"网约车，到一个充电站充电的时候，碰巧遇到原公司老板，也在"跑"网约车。两人相见，相拥而笑。我心想，我们辛苦一下怕什么，曾经身价超过亿元的老板都能放下面子"跑"网约车，还有什么过不去的坎？困难面前，生存是第一要素。

做企业谁又没有困难的时候呢？开车的时候我就在想，速度刚刚跑起来又要刹车，多费油啊！为什么各大城市就没有一条又直又长，没有红绿灯的道路？有，不在城市，高速公路上没有红绿灯，但也不一定笔直。仔细想想，人生总有顺境和逆境，不是踩刹车就是踩油门，不可能总是踩油门，也不可能总是踩刹车。

我也创办过企业，深知创办企业是条不归路。老板是孤独的，是"苦行僧"。没有人随随便便就能够成功。有些人看起来非常成功，只是我们没有看到他们艰难的一面。

有个老大哥原来是部队的正师职政工干部，有一天突然给我发微信说，他现在想明白了要搞直播带货，要挣钱，保证所有食品都比市面上的便宜，而且有质量保证，托我发动身边朋友捧场下单。我碍于面子，也抽空看了一下他的直播表现，很卖劲地吆喝，偶尔还要唱唱歌，来几个小把戏吸引顾客。看了之后，我的心情久久难以平静。这几年股市不好，他爱人过去一直是炒股高手，号称"股神"，把家里一套房子卖了都放在股市，"股灾"一次又一次出现，都没有跑脱，好像两三千万元都亏得不剩什么了。她爱人现在心态可能调整好了，整天在各种小视频里讲佛学，也是为了吸引流量。而他几乎没有其他途径赚钱，怎么办？交了一两万元学费去学直播带货。卖了一两个月，现在也偃旗息鼓了，这活儿他干不了，这钱他挣不了。

新冠疫情期间，我的母亲和岳母相继去世了，没有机会多陪陪她们。有老人在，我们感觉还是年轻人；要是老人没有了，我们成了顶梁柱，感觉一夜之间我们也变老了，身上的担子变得更重了。

我虽然没有搞过直播带货，却也搞了几天在线讲座，讲 3D 打印、元宇宙等新兴科技，想把我的书《解密元宇宙》多卖一些，卖成畅销书。有些人一生就写一本书，却能销售几十万册。我也看了这些书，感觉关键是营销能力好。过去，我已经出版六本书，每本书也就卖一两万册，不痛不痒的，说多不多，说少不少，图的是个乐趣和责任。根本就没有搞过什么营销。要想靠写书赚钱，必须得畅销才行。要畅销，必须营销。传统的媒体记者写几篇访谈和书评的时代早就过去了，现在最好的办法就是在直播间和有流量的"大V"合作，把书炒热。

现在不说卖书，有多少人愿意静下来读书呢？我一直在思考究竟谁在读书，为什么读书，读什么书？有时候，我喜欢看小说，但不喜欢看那种长篇、中篇小说，太累了。特别是小说选刊、小说月报，每一期总有那么几篇文章挺有意思的。记得二十多年前，我还订阅过《上海文学》《中国作家》《人民文学》，都挺不错的。这些年为了生计，早已把文学放在一边，有空去读文学作品的时候实在难得，纯属消遣。但是，不管怎么说，曾经的文学青年，对文学作品还是有那么一份敬畏之心的。2023年以来，我抽空看了一些小说，发现很多文学作品里面的人物和故事与现实脱节。说明我们的部分作家"退化"了，写作功底还不够扎实，对现实的思考、沉淀还不够深。也就是说，无论小说、诗歌、评论、新闻、产业文章，都是对现实生活中的人或事件、生活规律与经济规律的表述和思考，只是各自的表达方式不一样，表现形式不一样。文学作品更加委婉，用故事来说话，要求老练，有功底，有艺术情调。而新闻、评论则更加直接，没有废话，用最短的语言表达清楚。产业研究，则是另外的语言表达方式，旨在深入分析问题，逻辑思维和条理性非常强。

既然我们遇上了这个时代，就要主动去适应。我是一个敢于面对、敢于实践的人。既然直播很"热"，我也要试一下，感受"水深水浅"。折腾了几天下来，没有多少粉丝，大多数还是"假粉"。这件事终于让我明白，我们这样硬邦邦地给人家讲大道理，现在哪有几个愿意听的。

很多人感叹，现在的视频网站大都是为了吸引流量，博眼球。大家都明白一个道理，有了流量就有收入，就可以直播带货，财源滚滚来。所以，各种招数都使出来了。有人假装三十年前妹妹走丢了，编一个如何去找妹妹的故事，像模像样地，以为很真实，博取很多人同情，都去点赞。于是，平台上很快就有一连串找妹妹、找弟弟的假故事推送给你。有人比拼吃饭吃得多，一顿饭下来要吃十几碗，吃的自助餐老板都报警了。接着，就有一大堆吃饭比拼肚子大的小故事推送给你。也有人找媳妇，总之怎么吸引眼球就编撰怎样的故事，完全不按照套路出牌……

有人说这就是新潮流、新思维。我想了半天，觉得与我们过去所学的知识相差甚远，不知道如何去定义。今天，我们身处互联网变革的时代，我们不能改变规则，我们必须适应规则。直播带货、小视频，说实话，年龄代沟客观存在，我还没准备好。

后记（二）

中国低空经济联盟成立大会之后，我重新找到了感觉。现场气氛特别好，大家轮流发言，终于找到了一个可以对话交流的地方。参加会议的创始成员高度评价此次会议。更厉害的是，媒体报道后，好几家国外的企业通过种种途径找到了我，希望参加联盟主办的活动，想多了解我国低空经济发展情况，增进与国内企业的合作。国内也有三十多家央企、上市公司加入联盟中。而很多地方政府通过媒体报道，希望我能帮助他们指导低空经济发展……

市场需求的确客观存在，在他们眼里，联盟成立就是一场"及时雨"，让大家有个交流的平台，有了"家"的感觉。联盟的作用虽然不能替代行业主管部门的作用，但是联盟要做的事情的确不少，如果愿意做，将有很多事情可以做，对行业的作用不可低估。接下来，我将启动与地方政府的对接，将打造一批可以快速复制的低空经济应用场景，并在全国推广。

一部分是做无人机的、反无人机的、低空飞行器的，另一部分是做信息指挥平台、空天地一体化的，还有一部分是做应用端的，都陆续聚集到联盟这个平台，包括一批地方联盟、通用航空协会也都加入联盟。这几天，还有一个现象，就是全国各地过去曾诞生了一批通用航空协会，他们找到我征求意见，在他们眼里，通用航空已经成为过去时，他们考虑这些通用航空协会是不是应该更名为低空经济协会，或者低空经济产业协会。不同时期有不同的热点，要是没有热点，就没有风口，这样的情况下要做一件事情是很费劲的。抓住机会，适当调整也是可以理解的，相向而行，适者生存。

每本书到了最后结尾的地方，我都要花点精力写写我的家乡，以及我对家乡的思念之情。虽然离开巴中化成罗家河村已有三十多年，仅仅回去过十多次，主要是过去在成都工作的时候，开车几个小时就回去一趟的时候，回去的次数多一点。后来到了北京工作，回去的次数越来越少。父亲在我刚进党校读书的那一年就离开我们了。后来在成都工作的时候，母亲很快就和哥哥到了成都生活，老家就只有亲戚朋友。再后来，我在青岛、苏州、佛山创办了企业，母亲辗转和妹妹一起生活，从青岛到了佛山，直到新冠疫情期间因一场大病去世。

现在，两位老人相继离开我们，我们仿佛一夜之间长大了，变老了，我们很快也将成为老人。没想到这么快就要步入老年社会，一点准备都没有，心里还是有点害怕。小时候，仰望着大山中那一点点天空，寂静的环境，看到辛勤的、吃不饱穿不暖的父母兄妹，我心里坚定了一个念头，无论如何一定要走出大山，走出农村，走到更远的大城市去。

1988 年，一个初中生开始了"逃亡"之旅——逃离农村。这么多年，我始终坚定地相信自己，无论把我放到世界上任何一个角落，我都有信心生存下来，哪怕语言不通，哪怕环境恶劣。我始终相信，只要别人能够生存下来，我也一定能够做到。一开始在蓬溪县麻纺厂、大石桥麻纺厂打工的那三四年时间里，每个月只有十多元工资，我基本上用一半来买书，经常通宵达旦地读书，最狠的是我曾经长达一周时间不睡觉，白天在车间工作，晚上读书。我觉得一个人只要想干一件事情，一定有一种神秘力量在支撑着自己去实现。我自学完高中课程、大学课程,开始写作,包括小说、诗歌、评论、新闻。1992年春季,我如愿考进四川省委党校新闻专业大专班,开始第一次人生巨变,并从20世纪90年代开始在省级报刊上发表大量的文章。

那是改变我命运的开始,发表文章是我最大的收获。一是每个月的生活费全靠稿费,还要给家里父母寄一些生活费。读书两年,我就挣了三万元,在巴中县城给母亲买了一套房子。在我刚进党校读书的时候,父亲病逝,因没有路费,我没能回去看望父亲最后一眼。至今,父亲在我的印象里,还是那么慈祥,那么厚道,那么可怜,那么无助。虽然他很少表达他对我们的爱,也很少表达对生活的不满,以及对美好生活的憧憬,但是他在那种极度困难的环境下并没有退缩,也并没有抱怨,始终保持乐观开朗的心态勇敢面对生活,并希望子女能够靠读书学习走到大城市生活工作。父亲那一代人,是特别淳朴、憨厚、老实的农民,父亲留给我的印象远比四川美术学院院长罗中立著名的油画作品《父亲》还要深刻。尽管父亲已经去世三十多年,我一直想念着我的父亲,他从来没有穿过一件新衣服,裤子总是补丁摞补丁,但他从来没有任何怨言。母亲是个急性子,一直想改变家里的状况,但在那样的环境下,母亲的力量也是非常微小的。如果换一个环境,哪怕是生活在乡镇、县城,母亲的能量也许就能够体现出来。

在我小学、初中的记忆里,母亲总是带着哥哥赶场做生意——卖冰糕,从供销社冰糕店里批发出来,加一点钱在街上卖。每到中午放学的时候,我也提一个小桶去卖冰糕。记得那个时候没有鞋穿,天气特别热,我光脚板踩在地上,脚烫得很严重。现在一看到大热天还有小孩在外面奔跑,我就想起小时候卖冰糕的经历。

我的家就在化成湖边，那时候都是坐木船去乡镇上，大概需要一个小时。但为省钱，我大多数时候是走路，需要走两三个小时。每次上学、放学回家，我心情都特别沉重。家里的状况很不乐观，我真的害怕一直在那样的环境里生存下去。冬天从学校到家里，更难受，后来在凌云中学读书的时候，每天都要爬一座山，整个冬天就只穿一双解放胶鞋。

走出来了，挺好。有志者四海为家，勇敢地走出来。走出来的家乡儿女，无论身在何处，都不要忘记家乡。我还是希望通过我的力量能够帮助家乡做一些事情。

前两年，母亲病逝，我回过一趟老家。老家显得更加寂寞、荒凉，年轻人大都出来了，只有为数不多的老人在留守。很多人也都不认识了。偶尔能够看到一两个儿时的玩伴、同学，都已经显得垂垂老矣。要是我当初没有这个勇气走出来，估计现在与他们也没有什么区别。

那时的摆渡船早就停了，水库是巴中市区的饮用水域。沿着河边修了一条弯弯曲曲又很陡峭的乡道公路，开车从巴中市区能够直接到达村里。过去砍柴、割草、种地的地方早就荆棘茂盛。小时候，一早起来第一件事情，就是和哥哥妹妹去放牛，去很远的地方砍柴、割草。现在，这些地方已经没有了路。田地也没人种了。估计再过三五年，农村人口会越来越少，回家乡的路也会被荆棘林覆盖。上次回到村里，本来想去老房子看一下，已经荒芜很多年，路都找不到了。

家乡还是很穷，整个巴中市没有工业，小时候曾经风光无限的齿轮厂、丝绸厂、棉纺厂早就退出了历史舞台。没有产业支撑的城市注定是一个经济落后的城市。好在有了高速公路，有了高铁，也有了机场，交通条件得到了改善，到成都、重庆只需要两三个小时，方便很多，还可以乘飞机直接到达北京、上海、广州这样的一线城市。

后记（二）

前段时间，家乡的领导找我，邀请我担任巴中市低空经济发展顾问。他们对低空经济特别重视，市委书记要求他们抓紧了解低空经济到底是什么，巴中应该如何发展低空经济。一开始，我还觉得发展低空经济就是"烧钱"，巴中有多少钱可以"烧"？前期肯定都是深圳、广州这样的城市推动，以后成熟了才能在其他城市推动。后来，我发现不能打击他们的积极性。应用无处不在，巴中的茶叶、水果、绿色蔬菜、旅游观光，都可以率先与低空经济结合起来。我们不能低估自己，如果率先能够把山区低空经济应用场景打造出来，在低空飞行器驾驶人才培训、物流快递、无人机生产等方面会有很大的市场。只要努力去做，总能从中找到适合自己的低空经济发展模式。

家乡已经成为记忆中一道靓丽的风景线，无论多么贫穷，多么遥远，永远都不会忘记。就好比我们的父母，尽管并没有给我们多少财富和知识，他们起点非常低，总在贫苦的环境挣扎，能力非常有限，也无用武之地，但是父母在艰难的环境下养育了我们，教会我们如何做人，如何勇敢地面对生活，这就非常了不起。

我们的下一代很少回到家乡，回去了也没有对家乡的敬畏和感激。家乡仿佛只是他们忆苦思甜的一节课程。

家乡在变化，在发展，希望家乡积极融入低空经济，建设天空之城，拥抱美好生活，我们也将提供力所能及的支持与帮助。

反侵权盗版声明

电子工业出版社依法对本作品享有专有出版权。任何未经权利人书面许可，复制、销售或通过信息网络传播本作品的行为；歪曲、篡改、剽窃本作品的行为，均违反《中华人民共和国著作权法》，其行为人应承担相应的民事责任和行政责任，构成犯罪的，将被依法追究刑事责任。

为了维护市场秩序，保护权利人的合法权益，我社将依法查处和打击侵权盗版的单位和个人。欢迎社会各界人士积极举报侵权盗版行为，本社将奖励举报有功人员，并保证举报人的信息不被泄露。

举报电话：（010）88254396；（010）88258888
传　　真：（010）88254397
E-mail：　dbqq@phei.com.cn
通信地址：北京市万寿路 173 信箱
　　　　　电子工业出版社总编办公室
邮　　编：100036